名师名校名校长

凝聚名师共识
圈定名师关怀
打造名师品牌
培育名师群体

顾明远题

履践致远

郑建河／著

中国文联出版社

图书在版编目（CIP）数据

履践致远 / 郑建河著. — 北京：中国文联出版社，2022.2

ISBN 978-7-5190-4828-0

Ⅰ. ①履… Ⅱ. ①郑… Ⅲ. ①活动课程–教学研究–中小学–文集 Ⅳ. ①G632.3-53

中国版本图书馆CIP数据核字（2022）第028703号

著　　者　郑建河
责任编辑　刘　旭
责任校对　岳蓝峰
装帧设计　刘贝贝　李　娜

出版发行　中国文联出版社有限公司
社　　址　北京市朝阳区农展馆南里10号　　邮编　100125
电　　话　010-85923025（发行部）　010-85923091（总编室）
经　　销　全国新华书店等
印　　刷　北京米乐印刷有限公司

开　　本　710毫米×1000毫米　1/16
印　　张　14.5
字　　数　199千字
版　　次　2022年2月第1版第1次印刷
定　　价　58.00元

目 录

CONTENTS

第一辑　教育研究报告

梅州市基础教育教学评价改革研究报告 …………………………… 2
梅州市基础教育课程教材教学改革发展研究报告 ……………… 20
广东梅州农村中小学布局调整研究 ……………………………… 49
用心帮扶，助力脱贫攻坚 ………………………………………… 111

第二辑　教研教学论文

高中综合实践活动课程教学方法与模式创新 ……………………… 122
课堂教学反思性评价之我见 ……………………………………… 127
梅州市中小学劳动教育现状及展望 ……………………………… 140
中学综合实践活动课教学现状与策略的思考 …………………… 145
综合实践活动现状及思考
——以广东梅州为例 ………………………………………… 149
小学生科学素养的培养 …………………………………………… 154

第三辑　课题研究

山区高中综合实践活动课程教学方法与模式创新结题申请书 …… 160
山区高中综合实践活动课程教学方法与模式创新结题报告 …… 168

第四辑　学习考察报告

参加小学道德与法治学科省级培训体会 …… 198
赴江西抚州、鹰潭教育考察报告 …… 200
落实纲要、聚焦课堂，培训效果大大提升
——参加2020年广东省高考综合改革方案和普通高中新课标新教材培训活动心得体会 …… 209
他山之石　可以攻玉
——山西省太原市使用全国卷备考主要做法和经验 …… 215
宁波教研室的工作特色学习体会 …… 219
参加2019广东省（地市）级教研员高级研修班心得体会 …… 224

第一辑

教育研究报告

梅州市基础教育教学评价改革研究报告

随着新课程改革的不断推进，教学评价也随之向前发展，出现了多元化的格局。

一、梅州基础教育教学评价的演变

教学评价是以教学目标为依据，按照科学的标准，运用一切有效的技术手段，对教学过程及结果进行测量，并给予价值判断的过程。教学评价是对教学工作质量所作的测量、分析和评定。包括对学生学业成绩的评价、对教师教学质量的评价和对课程进行评价。

（一）古代的教学评价

古代的教学评价伴随着教育的兴起发展，北宋哲宗元符元年（1098），御史刘元城因直言斥奸，得罪了当权者，被逐出汴京城，远贬梅州，他在极端困难的情况下，在梅州州城创建了第一所书院，招徒授学，开建梅州书院之先河，更开文明向化之文风。北宋仁宗时，朝廷下令全国州县建立书院学宫，宋徽宗崇宁二年（1103），建梅州学宫，淳祐元年（1241）重修，设“文庙”“明伦堂”，为教授学子场所，是当时梅州的最高学府。南宋庆元年间（1195—1200），知州刘焕于州学之外设四所学堂，聚童稚就学。刘焕亲自督课，并捐出自己的俸银千余缗置学田15顷，收取田租作为办学经费。绍定年间（1228—1233），长乐知县叶拳在九龙岗建儒学。宝祐元年（1253），福建进士侯安国来梅州掌教，开坛讲学。地方人士也热衷于办学，如侯安国的门徒蔡蒙吉，将他故乡松源的土地全捐出来，创办松源义学，作为乡间儿童启蒙教育的场所。在元城书院为起点，在学宫、书院教育体制的带动下，衣冠后裔们不坠青云之志，虽居蛮荒，耕读不辍，梅州学风逐渐兴盛起来。经过全社会的不懈努力，梅州此时已是“四斋弦诵之声，不绝里巷”。

元代初期，因为受文天祥领导的义军抗元失败的影响，梅州出现十室九空，人口剧降，直到明代方见复苏。

在明代，推动梅州教育发展成效最者莫过于江西永丰进士刘彬。他于宪宗成化十七年（1481）任程乡县令，首先对学校进行规划布局，在城外创办东、西、南三间社学。东社学在攀桂坊东桥之左，西社学在城西门外街右，南社学在城西南二里上坎头。其后又设北社学于城东周溪，名濂溪书院，以教化乡间子弟。为保障办学经费，他倡议设置学田，将田租等收入充作经费来源，并发动乡绅捐资助学。在他的努力下，程乡百姓捐田捐款者日众。由是学子“昼无负米之艰，夜无凿壁之叹”。弘治三年（1490），闻名全国的哲学家、教育家陈白沙在《程乡县社学记》中记述了刘彬办学经过及广设社学的重要意义。

明代兴宁学宫和长乐学宫得以大规模重建。崇祯年间，平远、镇平办学有了新举措。平远县令沈惟耀主持兴建文庙、明伦堂，镇知县胡会宾置学宫，增学田，办义学。与此同时乡间办学也在不断发展。嘉靖年间，长乐知县吴希澄主持建立社学，兴宁知县施干于西门建维城社学。大埔、丰顺也先后办起了社学、学院。

进入清朝，梅州教育蓬勃发展，客家文化中心地位日益凸显。嘉应州治的设立，加速了这一进程。教育呈日益发达态势。清初期，程乡教育已居潮州府所属各县之前列。光绪《嘉应州志·丛谈》记载，明及清朝初期，“潮属有数县文风未盛，多有不能如额者，学政往往以此邑之有余补彼邑之不足，程乡一邑常取过三四十名，谓之通榜”。按清初有关规定，县学招生分小学、中学、大学。程乡县初为中学，取童生12名。国区内学风极盛，“莫不家传户诵”，然“应试童子，人多额少，有垂老不获不衿者”。为宣扬文治，时任广东提督学政惠士奇批准程乡中学改为大学，取15名。鄂弥达在设置嘉应州时，请求程乡县入学额再加5名，乾隆元年又准加7名。至此，入学名额增到27人。但参加科举的士子很多，成绩都不错，名额仍显不足。广东学政只能拿出其他县之余额来补。学风之盛，由此可见。

科举考试是古代教育的主要评价手段，也是中下层知识分子步入仕途的必经之路。清代科考分三个级别，童试由县府主持，录取者曰童生、生员（俗称秀才），最好者为廪生；乡试在省城举行，列正榜者称举人，前五名世称“五经魁”，首名叫解元；会试在京城举行，考中者称贡生，再经皇帝亲自主持的殿试中者谓进士，前三名分别叫状元、榜眼、探花。

据不完全统计，从唐敬宗宝历二年（826）到清光绪三十年（1904）的千余年间，梅州登科第者共计进士252人，入选翰林学士33人，举人1645人，秀才16479人。

（二）现代教学评价

梅州近现代教育自鸦片战争后开始，西学东渐，梅州深受此番欧风美雨的熏染，境内出现了讲授新学的新式学堂。同治五年，瑞士巴色传教会在长乐（即今五华县）长布源坑开办嘉应州第一间西式小学，后增设中书馆（中学），为嘉应州第一所中学。与旧式学馆不同，新式学堂实行班级制，学科是人文、自然、体育同时并举。光绪五年（1879），黄鸾藻、张麟宝等人奏请州府拨款并发动四县民众捐款在嘉应州城北门岗倡建起崇实书院，开设经史、舆地、掌故、天文、算法等课程，极力推行新学。

1903年黄遵宪邀集地方同人设立“嘉应兴学会议所”，自任所长，亲自撰写《敬告同乡诸君子》，文中从培养目标、学校体制、课程设置、教材教法，到师资建设、办学条件、经费筹集，以及学生来源等有具体论述。呼吁全社会有识之士共同行动起来兴办新学。1904年，清政府颁布了《奏定学堂章程》，崇实书院更名为务本中学堂。同年黄遵宪在东山书院亲自创办东山初级师范学堂，计划每年免费培养各乡推荐的师范生200人左右，这是我国最早的民办师范学堂之一。

与此同时，1903年丘逢甲在蕉岭镇平初级师范传习所、镇平官立中学堂。1903年肖惠长与罗师扬等人倡议创办兴民新式学堂，并被推举为学校董事。1904年肖惠长又与邓颂陶等创办男女同校的叶塘学校，1906年又创办兴宁师范简易科，并在兴民学堂附设师范讲习所培养新型师资。

梅县的务本官立学堂、五华的长乐学堂、大埔的乐群中学也相继开办。嘉应女诗人叶璧华1906年在原培风书院旧址上创立了梅州第一间女子学校懿德女校（梅县女子师范学校前身），随后，梁浣春也创办了嘉善女子学校。到1911年梅州已有675所小学堂，9所中学和2所女子学校。各县纷纷将学堂改名为学校，所有中学采用新学制，废止只读经书的传统，采用新教科书，形成了官方、民间和教会三方办学局面。梅城中的官立、务本、梅东三所学堂与东山初级师范学堂合并为梅州中学，与其他县立中学一样采用四年学制。国民小学也在各县城乡纷纷开办。一大批教会学校在梅州相继建立，如梅县乐育中学、广益中学、广益女中，兴宁的赤沙岭小学、五华古竹中学、乐育中学、长布小学，平远的石正小学，蕉岭的复旦学校等。民办学校也越来越多，1913年，叶则愚、叶菊年、邓小楼与叶剑英等创办东山中学，1924年5月学艺中学开办，1923年大埔百侯中学创办，1937年，由罗卓英、吴奇伟、蓝晋卿等创办了虎山公学。

1935年，广东省教育厅考查全省国民教育，梅县列居全省第一。1945年11月5日，国民政府教育部报告全国普及教育情况，江苏武进县名列第一，梅县位居第二。到1949年新中国成立时，梅州各县有中小学校2539所，在校生20.99万人，专任教师10842人，财政拨款教育事业经费316.08

万元，校园建筑面积100万平方米。

这一时期的教育宗旨，正如1912年7月教育总长蔡元培在全国临时教育会议上提出的“军国民教育、实利主义教育、公民道德教育、世界观教育、美感教育皆近日之教育所不可偏废”，主张把“五育并举”作为民国教育宗旨。在教育目标追求层面，体现了隶属政治之教育与超越政治之教育的和谐统一。蔡元培在1912年发表的《对于新教育之意见》一文中，根据教育立足点的不同，认为有两种不同的教育：一种是站在政府的立场、按政府的方针来考虑、规范教育问题的教育，这种教育的出发点与目标导向均以现实社会的政治需要为标准；另一种是站在人的发展的立场，从完善人性的角度来考虑、规范教育问题的教育，这种教育的出发点与目标导向以个体人格的完善为标准。

这一时期的教学评价基本是以学业水平（考试）评价、口头评价实用性评价为主，社会对学校的评价则是以学生升学出人才为标准。

二、梅州基础教育教学评价的现状

自2001年义务教育开始实施新课程以来，梅州中小学教学评价有所改进，基本上形成了以测验性评价、即时性评价、表现性评价、档案袋评价和课堂教学评价等多元评价体系，体现了评价过程中的过程性、发展性和多元性，包括评价指标、评价内容、评价主体、评价方式、评价过程、评价结果的多元化。

（一）测验性评价（考试评价）

考试的积极影响，一是促进成绩差的学校和学区改进教学方式提高学生成绩。通过考试成绩所提供的信息了解学生在知识技能掌握方面的优势和不足，便于对症下药。通过全市统一考试和全县统考可以对教育教学质量进行监控，督促教师用心教学，督促学生努力学习，从整体上提高基础教育的质量。二是考试使得教学内容更加规范，考试是推行课程标准的有效工具。三是引起全社会对教育的关注，增加对教育的支持。教育被认为是社会进步和发展的重要基础，教育经费支出是各级政府财政预算中重要的一项。梅州市政府每年拨款70万元用于高一高二期末质量抽测、高三质检（两次）、初三质检，各县（市、区）政府每年也拨出一定的经费用于全县中小学质量测试。

考试的消极影响：第一可能导致教学以考试为中心。一些家长和教育工作者认为考试会带来为考而教、考试演练的现象，扼杀儿童的创造性。第二考试是有误差的，完全以成绩来评估教育质量难免有失公允。命题人员中存在错误的情况在所难免。

最终的答案是在于考试的质量好坏。不是所有的考试都给学生带来无休止的演练。如果授课的内容与考试的内容不一致，那么就陷入备考演练的旋涡。如果考试的内容与课程相一致，那么就不存在所谓的考试准备，因为平时的上课就是在进行考试准备。诚然最好的教育是要激发和培养儿童的创造性，但是有些基础的知识和技能是每个人都必须掌握的，否则就无法适应社会生活。中学毕业证绝非毫无意义的一纸文凭，而是表明这个人具备了基本的技能，要获得这些基本技能就必须经过某种程度的训练。考试的目的就是确保学生都掌握了基本的技能。另外，为了检验教师教学和学生学习的效果，很难找到另一种比考试更加公平有效的方法。就目前来说高考仍是最公平的选拔人才手段。

（二）即时性评价

即时性评价是指在特定的具体情境下，对学生的行为表现给予即时鼓励、调控及引导的评价活动。其应用范围较广，评价内容可以涉及学生的学习过程、学习态度、学习方法和学习结果等。主要是通过老师的情感流露、语言激励、行为暗示等方式实现评价。通常有三种评价方式，一是教师对学生的评价，二是学生对教师的评价，三是学生之间的评价。在嘉应中学的“学生当考官，教师当家长”实践中，班会课上学生扮演老师、教师扮演学生家长，让学生从教师的角度评价分析学生在校的学习活动、品德表现，而教师则从学生家长的角度体会评价学生，师生换位思考使评价更加公正合理。

（三）表现性评价

表现性评价是20世纪90年代早期在美国兴起的一种新的教育评价方法。它是在对传统的学业成就测验进行批判的基础上形成的，体现了重视过程评价、重视表现评价、重视非学业成就评价等新的评价理念。表现性评价有时也被称为“真实性评价”或“替代性评价”，指通过观察学生在完成实际任务中的表现，对学生的认识、技能及发展水平做出价值判断的活动。包含了三层含义：第一，学生必须自己创造答案或用自己的行为表现来证明自己的学习过程和结果，而不是从规定好的选项中选择答案；第二，评价者必须观察学生的实际操作过程或记录学业成果；第三，这种评价能使学生在实际操作中学习知识和发展能力。表现性评价通常在发现式学习中使用，近来的“生本教育”就是采取了表现性评价。如梅江区鸿都小学教师课堂上自己少讲，让学生主动学习、主动寻找或创造答案，教师则不断观察学生的实际学习过程，最后检查学习成果点评学生在整堂课的表现使学生多方面得到发展。

（四）档案袋评价：记录成长足迹

档案袋评价是以20世纪80年代的评价改革为思想基础兴起的一种发展性评价方法。档案袋，也有人将其称为成长记录、学习档案录等。综合而言，档案袋评价是利用档案袋来收集和整理学生的学习证据或作品，然后通过对其进行分析，进而对学生的发展做出价值判断的活动。它以学生的成长为主线，教师和学生根据一定的评价目的，对档案袋中学生的学习表现进行合理分析与判断，客观地反映学生在一定时间内有学习上的行为表现和学习结果。目前在梅州，小学已建立学生档案卡（小学升初中报名卡），初中有学生档案表和团员档案，高中学生档案袋有高中学生学业成绩表、体育考核表、体检表、德育考核表、社会实践表等。各种表格由学生填写，评语主要由班主任及各科任课教师评定，且评语主要在毕业年级如小学六年级、初中三年级、高中三年级进行。高中团员档案袋，由团员自己填写表格，评语由团委干部填写。

（五）课堂教学评价：好课的标准

课堂教学是教学活动（过程）的中心环节，是教学质量形成的关键，它在一定程度上决定着教学质量和教学效率。《基础教育课程改革纲要（试行）》这样界定和认识“教学”：教师在教学过程中应与学生积极互动共同发展，要处理好传授知识与培养能力的关系，注重培养学生的独立性和自主性，引导学生质疑、调查、探究，在实践中学习，促进学生在教师指导下主动地、富有个性地学习。教师应尊重学生的人格，关注个体差异，满足不同学生的学习需要，创设能引导学生主动参与的教育环境，激发学生的积极性，培养学生掌握和运用知识的态度和能力，使每个学生都能得到充分的发展。

课堂教学评价主要有三种方式：

1. 教师自我评价

通常是通过写课后反思或教学随笔，反思自己在一节课中的得失，总结经验分析更好的教学方法。英国维纳斯中学《教师评价计划》“自我评价表”是教师自我评价常用的方法，

英国维纳斯中学《教师评价计划》中“自我评价表”的填写项目包括：①在你的工作中，你最满意哪些方面？②在你的工作中，你最不满意哪些方面？③你在工作时受到哪些条件限制和遇到何种困难？④在过去一年里和过去两年里，你采取何种措施提高你的专业水准和获得工作经验？⑤在未来一年里，或者从长远来看，你希望用何种方法来提高你的专业水准和加强你的工作经验？ ⑥在评价面谈时，你还希望讨论哪些其他问题？

下面是梅州某教师的教学工作自我评价和反思。

梅州某教师的教学工作自我评价和反思

一、自我评价

在本学期教学工作中，我严格遵守《中小学教师职业道德规范》和教育局“八条禁令”要求，服从学校的安排，尽职尽力完成党交给我的教学任务。

在本学期高三教学工作中我不断学习，不断转变教师角色，精心准备高三备考。一轮复习中，与备课组同人自编一轮复习材料“80篇”。结合我校学生实际，在控制专题难度的同时，贯彻“反复复习，小题大做”的复习策略，在9月份进入了全面综合复习，到目前为止共进行了50套模拟试题的讲解和测评，其中自主编题16套。

在课堂教学中，我努力贯彻“以生为本”的理念，不断激励学生，把学生组织起来，充分发挥学生学习自主、小组合作的优势，激发学生学习激情，让不同的学生有不同的收获。在课堂讲解中，不但讲解解题方法和策略，还教给学生思想、学法、反思方向，实现“小题大做，效率课堂”。

每次考完试后都及时和学生进行面对面和月考调查报告文字形式的交流，从学生中获取教学思考，改变教学手段，调整授课进度等。

二、教学反思

课堂教学交给学生的时间还有些不够。今后将加大课堂学生讲评，提问，不断强化“反复复习，小题大做”的复习策略。

分层教学不彻底，有些学生还是掉队了。今后将多关注学困生，加强学法指导，该放弃的就放弃。给自已定一个底线，让他们学会有选择性地、力所能及地学习。

限时训练少，学生应试能力不足。今后利用大课或相应时间进行限时训练，让学生练习安排好答题时间和跳跃式答题方式，并练习填涂答题卡。

小组活动受时间、场地限制开展得不够。

学生作业监督、批改不到位。今后与班主任和课任老师积极配合，发动科代表做好作业的检查、批改、反馈工作。

互助小组坚持得不好，老师指导不到位。今后加强对互助小组的关心，多指导，多鼓励。

讲解解答题时，板演步骤不全。今后在讲解解答题时要善于分解，板演步骤要全，同时讲清命题人意图，审题思路，注重一题多解，注重通法与特法的结合。

讲题时速度有些快，字体有些小。今后在讲解习题时语速放慢，把字写得再大些。

平时答疑没时间，直接面对面交流得少。多与学生交流，把自己的意图、计划告诉学生，把学生的反馈落到实处。

2. 教师互评

通过听课教师的评价学校组织同科教师、学校行政集中听取某个教师的课，课后进行集体评课。

下面为梅州一间学校的课堂教学评价表。

表1　课堂教学评价

评价项目	评价要点	评价结果（分数）			
		优	良	合格	不合格
教学目标	多维目标的定位与设计 目标规划与学生心理和认知特征的适合度	10—9	9—8	8—6	6以下
教学内容	教学内容逻辑的梳理，重难点的把握 与学生生活、社会实际和学生已有的知识经验的联系 教学资源的拓展、运用状况	25—23	23—20	23—15	15以下
教学方法	学生学习兴趣的激发 教学手段和方法的有效性，现代教育技术手段和方法的掌握与运用 面向全体与注重个性发展关系的处理	20—18	18—16	18—12	12以下

续表

评价项目	评价要点	评价结果（分数）			
		优	良	合格	不合格
学生学法	学生自主、合作、探究学习的态度、方法和效度 学生在学习中有积极的情感体验，如好学、乐学、会学，敢于表达和质疑等	20—18	18—16	18—12	12以下
教学效果	多维目标的达成状况 学生全体发展和差异发展状况 特色与创新情况	25—22	22—20	20—15	15以下
总评	总分 等级	优（90以上）	良（89—80）	合格（79—60）	不合格（60以下）

课堂教学评价的六项基本原则：

（1）在教学上注重基础性。

（2）教学设计要保证课程模块的整体性。

（3）强调关注学生发展的差异性。

（4）强调学生在教师引领下对知识的自主建构。

（5）课堂教学的开放性与动态性、生成性。

（6）关注课堂教学的情感性。

3. 学生评教师

学生作为教育的对象，是教师教育教学活动的直接参与者，他们对教师的教育教学活动有着最直接的感受和判断。学生评价教师有利于促进教师职业道德水平提高，帮助教师提高教育教学素质和教书育人水平；督促教师完善教育教学过程和育人过程，督促教师让自己和学生建立平等、和谐、民主的师生关系；有利于学校正确评价教师的教育教学过程，为学校的评价工作奠定基础。学校根据教学实际，制定学生评价教师标准如下。

学生评价教师的内容包括：教师的职业道德，教师的课堂教学，教师作业布批情况，教师的辅导与育人水平，课外辅导情况。评价尺度分优、良、中、差四个档次。

表2　学生评价教师

2011年6月

评价项目	评价内容要点	评价等级与分值			
		优	良	中	差
1.教师职业道德（15分）	为人师表、敬业爱生。不迟到，不早退，不无故缺课，不擅自调课。不搞有偿补课。不私自乱订学习材料	15	12	9	0—8
2.了解和尊重学生（10分）	了解、尊重每一位学生，激励学生成长。促进学生充分参与学习、没有惩罚或变相惩罚学生，更没有打骂学生	10	8	6	0—5
3.备课与教学（10分）	认真备课，教学目标、重点、难点明确，注重过程和方法，教学有特色。作业适量，认真批改，及时反馈，定期检查作业	10	8	6	0—5
4.学习方式变革（10分）	认真指导研究性学习，改“满堂灌”“注入式”等传统的教学方式，积极开展自主、合作、探究学习方式的教学实践	10	8	6	0—5
5.现代教育技术应用（10分）	积极应用现代教育技术，进行多媒体或网络教学	10	8	6	0—5
6.教学能力水平（10分）	能因材施教，进行分层次教学。高质量地开设校本选修课程，促进学生个性化发展	10	8	6	0—5
7.指导与辅导（10分）	积极开展培优补差工作，每周安排一定时间指导优生、辅导后进生与个别优生，与后进生建立导师关系，经常与个别学生谈心交流	10	8	6	0—5
8.交流与反思（10分）	主动与学生、家长进行交流和沟通，能对教学行为进行反思。积极参加学生的活动，师生间相互交流，相互学习	10	8	6	0—5
9.学生学习评价（10分）	全面评价学生，不以分数成绩作为评价学生的唯一标准，有体现学生学习状况的学习等级和简要的描述性评语，并与学生见面交谈	10	8	6	0—5

续 表

评价项目	评价内容要点	评价等级与分值			
		优	良	中	差
10.教学资源建设（5分）	以教材为基础，构建丰富的学习资源	5	4	3	0—2
描述性评语	“描述性评语”要求用简洁的语言表述特色、不足、希望和要求				

说明：请同学参照标准中的“评价项目”和“评价内容要点”在“评价汇总表”中填上各项得分和总和，并用简洁的语言填写“描述性评语”。

三、梅州基础教育教学评价面临的问题和改进措施

梅州自恢复高考以来，由于受“应试教育”的思想影响，社会评价学校办学水平的高低是升学率，学校评价教师工作的成效看教学成绩，教师评价学生成功的标准是考试分数。梅州于2001年开始实施新课程改革和素质教育，但大多数学校由于升学的压力换汤不换药，变换了评价用词，骨子里评价的还是以考试为核心。

（一）面临的问题

1. 评价学生

（1）评价目的

在评价目的上，梅州中小学评价学生主要以“选择适合教育的学生”为目的，即以“选拔适合高一级学校学习的学生”为评价活动的最高宗旨。为此，学习成绩成为评价学生的主要甚至是唯一的依据。学生被迫放弃自己的兴趣、爱好，学校则违背青少年的成长规律只教升学考试必考的科目，节假日加班加点，死记硬背，放弃非考试科目，忽视学生的个体差异，学生的全面发展成为空谈。在课程改革和素质教育不断深入的今天，上述情况虽有一定程度的改善，但目前的教育体制决定中小学学生命运的仍是“一考定终身”，许多小学对美术、音乐、体育、科学、综合实践活动开课课时不足甚至没有开设相关课程，已经在课程表上开设的这些课程

没有专职教师，通常由班主任兼任，在镇中心小学及以上的学校有科学实验但却没有做过科学实验，兼任课程的班主任主要是由语文、数学、英语三科教师。

近几年，在初中及高中的综合实践活动课程均没有正常开课，上面有人检查时在课程表开设，然后指派几个教师上课，期末不检查不统计。或者评比课，让一个教师专门上几节综合实践课然后录像去参加评比。

高中的综合实践活动课程与通用技术课程，听起来很美，但学校均有两份课程表，正常上课的课程表上没有这些课程，在另一份应付检查的课程表才有综合实践活动与通用技术。调查中发现，不开课的原因是高考不考，这些课程的成绩在高中毕业生档案上随便填上去就是了。

（2）评价功能

在评价功能方面，目前中小学对学生的评价还没有从“评定优劣”“选拔淘汰”的模式中完全转变过来，“为促进学生的全面发展而评价”，“为促进教育质量的全面提高而评价”还没有真正成为大多数人的实际行动。由于目前教育体制改革还未到位，受考试制度、评价目标影响，目前的教学评价主要是教师对学生、学校对教师的评价和社会外界对学校的评价，其缺陷是回避了教育的价值问题，忽视了学生学习过程的评价，无法评价教育活动中所产生的非预期结果。这种评价比较的是相互之间分数排序的高低位置（如高考、中考录取分数线、县统考排名），难以提供学生实际的进步状况和努力程度，对于诊断、改进学习过程中存在的问题，激励学生几乎无能为力。如果长期采用这种评价方式，必将给学生带来沉重的心理负担，使部分后进生丧失学习的信心，更有甚者会丧失生活的勇气，滋生出不配合教师、与教师对抗的态度，从而降低评价工作的信度和效力。因得不到积极正确中肯的评价，容易导致学生归属感、价值观、责任感降低。

（3）评价主体

目前评价主体仍是以他评为主，忽视了学生的自我评价或对学生的自我评价不够。在这种基本是对立的、被动式的评价过程中，评价者与被评价者扮演的是管理者与被管理者的角色，教师高高在上，俯视学生，学生的得失优劣均由教师说了算；而学生往往处于被动、消极地位，态度冷漠、应付甚至是对立、讨厌、拒绝，学生的自尊心、自信心得不到很好的保护，更有甚者，有的学生在评价中丧失了学习和生活的勇气。

（4）评价理论

现阶段，中小学对教学评价的基础理论研究还比较薄弱，对学生个体素质的测评仍没有一个科学、有效的技术和手段，尤其是对学生思想道德、心理健康水平以及情绪、态度、价值观等非智力因素的评估。很多学校已经意识到要客观科学、全面准确地评价学生，但缺乏相应的科学评价手段与方法。

2. 对教师的评价

受应试教育尤其是高考、统考的影响，目前学校对教师的评价仍停留在教师教学成绩的层面。这种评价是面向过去的评价，着眼于教师个人在评价之前或评价之时的工作表现，其实质是一种管理性评价、奖惩性评价或规范性评价。这种评价有两种主要功能：一是表明教师是否履行了工作职责，其工作表现和成绩是否符合学校或上级主管部门的期望；二是根据教师的工作表现和成绩，判断他们是否具备奖励或处罚的条件。对教师的评价结果往往作为领导决定某教师是否续聘、晋级、评优、加薪的依据。这种评价的弊端是显而易见的：一方面，它导致教师在课堂教学中想方设法提高学生的考试成绩和升学率，直接为应试教育推波助澜；另一方面，它导致教师仅考虑如何提高学生的考试成绩，对社会的发展变化缺乏敏感，对学生心理健康、思想品德、情感、态度和价值观关心很少，对教育教学改革的热情不高，难以适应教育改革发展的要求。另外，这种评价容易导致教师之间的过分激烈竞争、教师和领导之间的抵触、对立，不利于教师之间、教师和领导之间的团结合作，更不利于教师的专业化成长和职业的专业化发展。

3. 对课堂教学的评价

课堂教学评价是课程的重要组成部分，通过科学有效的评价，能使学生不断体验进步与成功，认识自我，建立自信，促进学生综合运用能力的全面发展；使教师及时获取教学上的信息，对自己的教学行为进行反思和调整，促进教师不断提高教育教学水平；使学校及时了解课程标准的执行情况，改进教学管理，促进课程的不断发展和完善。随着新课程改革的推进，目前很多学校初步建立了相对比较完善的课堂教学评价机制，也加强了评价内容的全面性，但由于受目前考试制度的影响，仍然大多倾向于“以课堂为中心”“以教师为中心”“以书本为中心”，主要是学校评价教师，教师通过考试评价学生，社会、学生家长通过考试评价学校、教师。

这些评价模式主要存在着以下问题。

（1）评价功能倾向于奖惩性评价

现在评价课堂教学时增设了新评比项目，诸如教学基本功大赛、优质课评比、教学能手评比等，这些活动虽在一定程度上对教学改革起到了积极的促进作用，但评价的着眼点放在了获奖、升职、晋级、加薪等功利性方面而忽略了评价的发展性功能，最终不能从根本上提高中小学教师的整体素质。

（2）评价标准过于具体、呆板

太详细具体、呆板的课堂教学评价标准实质上沿袭了传统的量化评价机制。按照这种评价标准评价课堂教学会导致课堂教学演化成一种程序化、模式化的活动过程，无法体现课堂教学的灵活性和开放性，也无法准确体现出教师个人独特的教学风格。如某校的课堂教学评价标准如下：教学目标10分，教学内容20分，教学过程25分，教学手段25分，课堂气氛10分，学生活动10分，教学效果10分，教学风格5分。这种量化课堂教学评价标准具有简明、精确的特点，便于掌握和使用，与追求对被评价对象的有效控制和改进相适应。这种量化的评价标准把复杂的而丰富多彩的课堂教学过程简单化、格式化，无法从本质上保证课堂教学的客观性，而往往把课堂教学最本质、最有意义的东西抛弃。如此一来，不少教师丰富多彩的、富有创新的课堂被抽象成一些枯燥、单调的数字，教师的发展和活力受到抑制，课堂教学的创新湮没在一串无味的数字之中。

（3）评价方式单一

目前课堂教学评价仍以听课评课为主。尽管许多学校既组织教师上公开课，又安排学校领导随机听课，但毕竟听课次数有限，要做出教师课堂教学质量的客观公正的判断，是很困难的。

（二）改进措施

经问卷调查、下校访谈梅州中小学教师、行政主任与校长，进行教学评价研究，及实施新课程改革的经验，提出以下的教学评价改进措施：

1. 循序渐进、推动教学评价

现阶段梅州中小学学生家长与社会人士对教学评价普遍缺乏理念，教师在教学评价中的专业能力仍有待提升，此阶段如果完全落实新课程的教学评价，很难取得好的效果。实施新的教学评价，应从改善纸笔测验入手，搭配使用评价表或考核表；一旦教师的专业能力提高，家长逐渐适应新的教学评价以后，再实施过程评价、档案评价及其他评价方式。实施过程中学校必须设定中长期目标，把握时机、循序渐进推动新教学评价。

2. 加强培训、提升教师专业素养

教师的专业素养决定着能否充分掌握教学评价体系，也是推动教学评价的关键。目前必须在学校中营造学习型组织、建立教师长期学习机制，有系统有规划地加强教学评价方面的培训活动、教研、交流，教育行政部门则要加强学校观摩、校际互助活动，以提升学校教师与相关人员的评价专业能力，才能做到以优秀专业素养为基础，落实新课程教学评价理念。

3. 共同参与、民主评价

校长与教师要加强理念沟通、凝聚共识，才能实施多元化、人性化、精确化与系统化教学评价。实施教学评价需要获得教师的共同参与和家长的认同，凝聚学校、社区所有人员的共识，集思广益，共同参与、共同研讨、民主决策，使教学评价公正公平合理科学，促进教学质量提升。

4. 专业对话、激励教师发展

目前梅州教师参与专业对话的意愿较低，教师之间形成单打独斗、养成故步自封的心态，不利于教师的专业化发展。如果实施新课程教学评价的教师之间能够通过专业对话平台，各人将自己教学评价理念、设想、计划与心得与他人分享，不仅可以厘清观念，更可以激励相互专业成长。

5. 改变行为习惯、提升教学效率

传统的工作与教学习惯，面对新时期日渐庞杂的工作又要落实新课程理念，教师的压力不断加大。实施教学评价，需要教师们不断反思自己的工作习惯与教学策略，改变过去的工作习惯，善用网络信息资源，并对知识与信息做系统的管理，才能提高工作效率与教学质量。

6. 营造非功利化的教学评价环境

面对目前的在分数至上的应试教育现状，要推动以多元化与人性化的新课程教学评价，必然会遇到家长和社会的观念的重重阻力。政府、教育行政部门要改革现在的考试制度，营造非功利化的教学评价环境，学校行政人员、教师与教研员应保持“支持鼓励”“包容尝试错误”的原则，相互扶持成长，才能使新课程真正地实施。

梅州市基础教育课程教材教学改革发展研究报告

一、背景分析

梅州市位于粤东北山区，北邻赣南，东连闽西，是叶剑英元帅的故乡、国家历史文化名城、中国优秀旅游城市、中国十大最具安全感的城市，素有“文化之乡、华侨之乡、足球之乡”的美誉。全市总面积1.59万平方公里，户籍人口517万人，辖8个县（市、区）。改革开放以来特别是近几年来，梅州坚持“不骄不躁”的指导思想，坚持探索从“四个梅州”（开放梅州、工业梅州、生态梅州、文化梅州）到“绿色崛起”的山区科学发展新路，坚持抓好建厂、办学、治水、修路、种树、惠民、用贤七件大事，全市经济、政治、文化、社会建设取得新的成果，进入了历史上最好的发展时期。梅州是全世界最具有代表性的客家人聚居地，是魅力独具的世界客都。受经济社会发展影响，梅州各县（市、区）基础教育事业发展呈现不均衡态势。

梅州市委、市政府在实施“绿色崛起”战略的过程中认识到，作为起步较晚的欠发达地区，要想在新一轮发展竞争中实现区域经济社会的跨越式发展，关键在于教育和人才。首先，市委、市政府主要领导带头抓教育，多次召开市委常委（扩大）会议、市政府常务会议、市长办公会议和部门联席会议研究教育工作，每季度召开1次以上教育工作专题研究会，每年主持召开全市教育工作会议、教师节表彰大会、“创强”表彰大会等，市委、市政府领导还亲自担任了创建广东省教育强市、普及高中阶段教育工作等领导小组的组长。同时，为充分调动各级各部门的积极性，梅州市委、市政府建立健全了教育工作考核机制，把教育发展成绩列入贯彻落实科学发展观考核指标体系，与各县（市、区）签订工作责任书，严格落实县、镇党政“一把手”抓教育的领导责任。其次，加大政策保障力度，落实教育优先发展战略地位。市委、市政府提出“教育强市”发展战略，先后出台了《中共梅州市委、梅州市人民政府关于创建广东省教育强市的决定》《梅州市创建广东省教育强市工作实施方案》《梅州市创建广东省教育强市工作表彰奖励方案》《关于减免在创建广东省教育强市期间学校建设各种规费的通知》《关于解决代课教师问题的通知》《关于梅州市农村贫困家庭子女免费接受职业技术教育的实施意见》《中共梅州市委、市人民政府关于加快普及高中阶段教育的实施意见》《中共梅州市委、梅州市人民政府关于进一步加快教育改革和发展的决定》《梅州教育事业发展“十二五”规划》《梅州市学前教育五年行动计划（2011—2015年）》等重要文件，为梅州教育优先战略提供了强有力的政策保障。与此同时，加大投入力度，建立多元化教育投入渠道。梅州市作为欠发达地区，财力有限。为解决教育投入不足问题，梅州各级党委、政府立足市情，充分发挥“华侨之乡”的资源优势，建立起了包括财政投入、社会投资和社会捐款的多元化投入渠道。财政投入方面，市委、市政府在财力困难的情况下，仍然坚持做到了教育经费的“三个增长”，即生均预算内公用经费逐年增长、生均预算内教育经费逐年增长，教育财政拨款的增长高于财政经常性收入的增长。同时，为激励广大干部群众积极参与发展教育的热情，梅州市委、市政府拨出9150万元的专项资金，每年对“创强”“普高”等工作成绩突出的单位和个人进行表彰和奖励。社会资金方面，充分发挥梅州“华侨之乡”和外出乡贤众多的优势，积极发动海内外华侨和社会各界捐资兴学，累计筹集社会资金达5.5亿元，极大改善了各级各类学校的办学条件。

到2012年末，梅州市现有中小学校1471所（完全中学64所，高级中学17所，九年一贯制学校26所，初级中学172所，小学782所，特殊学校5所），在校中小学生806446人（普通高中在校生132677人，初中在校生194402人，小学在校生291187人）。全市普通中小学校教职工45899人，专任教师42718人。全市有国家级示范性高中10所，省一级学校6所，市一级学校33所。

梅州市高中阶段教育毛入学率由2007年的59.90%提升到2012年的92.94%，提前完成我市普及高中阶段教育的目标任务，2011年底顺利通过省对我市普及高中阶段教育的督导验收。在办学规模大幅跨越发展的同时，高中阶段教育的办学质量也有了明显的进步，实现了规模与质量双优发展。

按照要求，2012年10月至11月间，梅州市教研室进行了专题调研，分别组织教师、学生进行问卷调查，召开部分教师、校长座谈会，深入到30多所高中、初中、小学进行调研、座谈、听课，力求全面了解掌握梅州市基础教育的真实情况。

二、成绩经验总结分析

梅州市梅县作为全省30个省级课程改革实验区之一，从2002年秋季在该县的中小学起始年级实施课改。2003年秋在全市2355所小学和初中起始班全面实施，参加的教师共3830人，学生17.96万人。2004年秋在全市70所普通高（完）中的一年级全面开展课改，参加教师约1800人，学生36000余人。10年来，在各级政府、上级教育行政部门的领导和统一部署下，我们按照《义务教育课程设置实验方案》《普通高中课程方案（实验）》和各科课程标准，结合我市教育教学的实际情况，实施“整体进入、活动促进、学科推进、样本辐射”的工作策略，积极稳妥，合理有序，逐步推进基础教育新课程改革。把推进新课程实验的过程作为转变观念的过程，作为改善办学条件、推动基础教育事业发展的过程，作为深化教育改革提升我市教育教学质量的过程，作为促进我市教育信息化和现代化的过程，取得了较丰硕的成果。

（一）行政管理和教研指导相结合，转变课程管理模式

一是成立梅州市基础教育课程改革工作领导小组。梅州市于2004年6月成立了以分管教育的副市长为组长、市教育局局长为副组长的梅州市基础教育课程改革工作领导小组，领导小组办公室下设专家指导组、教材选用工作组、师资培训工作组、课题研究工作组，指导开展各项工作。各县（市、区）、学校也都建立了相应的组织，制订并完善了相应的制度。我市科学规划新课程实验方案，规范课程实验的实施管理，2004年7月制订下发了《梅州市基础教育课程改革工作方案》，制定了我市基础教育课程改革的指导思想、目标和任务，改革的主要内容，实施课改的范围、对象和科目，实施的步骤与措施，以及组织管理和保障措施。同时制订了《梅州市基础教育课程改革师资培训方案》《梅州市基础教育课程改革师资培训计划》，成立了以继续教育中心为主的师资培训组织机构，确定了培训对象、目的、内容和方式，对各级师资培训作了周密安排。

新课程实验是一项长期的工作，各方面工作都需要付诸实施和管理。随着实验的进展，这种包括各类人员的、跨单位的工作小组已经不适应新课程实施的需要，必须有一个常设的强有力的行政班子来实施领导。因而，我们将新课程改革实验工作列为教育行政部门最主要的工作，由我局主要领导指挥和监督，分管教学的副局长负责，教研室落实整体实验工作，将有关工作交由相关的职能科室具体执行。课程安排和实施，由教研室提出方案，协助基础教育科执行；教师培训，由人事科牵头，会同继续教育中心、培训学校具体操作，办公室提供后勤服务支持；教材选用，由基础教育科负责，协同教研室召集教材选用委员会决定；新课程教学和教研工作，由教研室负责；学生学业成绩评价由基础教育科负责，涉及测试等环节由教研室负责，涉及高考和中考的考务等工作，由考试中心负责；新课程宣传以及相关信息的发布，由《梅州教育》编辑部和信息中心（负责梅州教育信息网）负责。这种条块管理职责明确，相关科室人员各司其职，领导能及时了解方方面面的实验情况，召集相关人员研究、解决实验中遇到的困难和问题，提高了工作效率。各学校也容易通过相关的渠道与有关领导和专家联系，沟通比较顺畅。

二是着力打造市、县、镇三级教研网络，从教学教研方面加强对新课程改革实验的指导和管理。10年来，市教育局教研室调进综合实践活动、体育、音乐、英语、语文等5名教研员，调整了各科教研会，充实了对全市各学科教学教研指导的力量。实验以来，多数区县注意吸纳新课程实验的骨干教师，健全各区县学科中心组，落实专人负责，完善规章制度，制订活动计划，同时充实区县教研人员，成立区县新课程实验的指导中心，开展教师培训，深入学校教学视导，协调区域课程实验，组织实验课、观摩课，开展听课评课活动，组织各类教学比赛，开展了形式多样的教研活动。学校的课程设置实施，更多的是通过教学指导的形式，抓好校本教研，集体备课，分析教材，答疑解难，为教师提供指导和服务，帮助教师具体完成课程教学。三级教研网络的构建，在教师培训、课程实施、教学研究、评价管理等方面发挥了重要作用。

三是建设“行政”和“教研”两张网，实施基础教育新课程改革实验的有效管理，是新课程改革顺利实施的保证。这种行政管理和教学教研指导相结合的课程管理模式，改变了课程由教育行政部门管理、教研室只管教学不管课程的局面，改变了课程实施和教学教研“两张皮”的弊病，保证了对新课程实验每一阶段各个方面，都能得到及时具体的监控、支持、指导和服务。实践证明，这样的课程管理体制比较顺畅，落实比较到位。

但由于教研室在教学管理上一直是“指导性”强、“指令性”弱的科室，对课程实施并无行政职能。教研室的这个特点，使之对一些课程设置、课时安排不够规范的学校，存在着管理力度不强。需要教育局相关部门加大教育督导力度，建立健全相关制度，充分利用教学评估等方式，促进各校课程均衡发展。另外，目前在教研室里一个教研员管一门学科，教研员的教育理念、学科功底、组织能力以至个人品德与学科的课程管理质量关系重大。如何加强教研员的学习进修，提高教研员的思想和学养水平，规范学科课程的指导和管理，也是提高课程管理质量的一个重要课题。

（二）集中培训与校本培训相结合，促进教师专业发展

在新课程实验中，梅州市教育局领导一再强调各级领导和教师一定要先行学习，转变理念，掌握新课程教学方法、学习方式。我市坚持“先培训、后上岗，不培训、不上岗”，坚持“全员培训、全程培训”的原则，加大师资培训力度，把通识培训和学科培训作为新课程实验的一项基础性工作来抓，制定了面向全体实验教师的切实可行的培训方案和措施。市、县（市、区）两级教研部门坚持通识培训和学科培训相结合，课前集中培训与平时分散培训相结合，全面系统地开展了不同层次的培训活动。通过邀请课程专家、教材主编来我市开辅导讲座，组织研讨交流、切磋观摩、调研视导等多种形式的活动，对实施新课程的教师进行培训和现场指导近400场次，直接培训教师3万余人次。我们先后邀请了曹志祥、吴惟粤、石鸥、钟阳、郭思乐等全国著名的课程专家到梅州讲学，全市中小学的校长、教务主任和教学骨干都参加了培训学习。通过培训，使实验教师和干部了解了当前世界和全国课程改革的态势，逐步转变教育教学理念，掌握课程改革通识。我们还利用梅州职业技术学校嘉应学院等培训机构，培训校长、教务主任和教师骨干，内容包括课程通识、课程标准、学科教学等。各区县、各镇、各学校以转变教学理念为重点，结合本地区、本单位实际，对教师进行形式多样的校本培训，学习新课标，为高中新课程实验打下了一定的思想基础。

1. 组织行政领导培训

梅州市教育局先后组织了主管教学副局长、基教股长、教研室主任和中小学校长代表参加了教育部新课程行政人员研修班学习；校长、教务主任、各学科骨干教师到广州参加省厅组织的新课程培训学习。近几年，市教育局连续组织全市部分校长、教导主任、教研员、名教师等赴北师大、华南师大和广东省第二师范学院学习进修。

2. 开展市级、县（市、区）级教师全员培训

2004年暑假，按照“全员培训、骨干先行”的原则对义务教育阶段所有学校的学科教研组长、备课组长、优秀青年教师和县（市、区）教研员等近5000名骨干教师进行培训，组织市内各级教研员、全市高中各学科骨干教师到华南师范大学参加高中新课程培训。2006年、2007年各区县又组织了接受市级培训的骨干教师对本区域全体中小学教师的全员培训，实现我市全体中小学教师的培训目标。2005年、2006年两年的暑假，我们先后集中全市高中教师，请国家和省的课程专家，对高中实验教师分学科、分年级进行全员培训，主要是学习课标，分析教材，探讨教法学法。各学科教研员也都承担讲课任务，具体指导各模块的教学。我们组织教研员和骨干教师，编印了新课程实施的备课资料，并分县区学科中心组和学校备课组，结合实际情况，研读教材，进行集体备课。因校制宜，制订本学校新课程实验的计划、措施。2007年暑假开始，我们将培训方式改为分学科分别集中培训，在总结三年新课程实验教学得失的基础上，将学科培训的重点放在教材的使用上，按照课程标准的要求，根据学生的具体情况，探讨如何处理教材，改革教学方法和学习方式，提高教学效益。

3. 加强校本培训

新课程实验10年来，我们注重分学科的教师后续培训工作，组织实验教师进一步研读新课标，研读新教材，掌握学科课程标准。如语文科、历史科，每个模块开始教学前，都组织骨干教师先行备课，分工合作，拿出模块各个单元的教学设计，印发给各校教师参考，召开全市高中高考研讨会，交流备课心得，解决教学中存在的实际问题。

我们将校本培训作为对教师全程培训的主要方式。不少学校先后聘请省市课程专家到校为老师们举办讲座，上示范课；组织教师学习课改的有关文件、书刊，开展新课程专题研讨活动。每学年开学前，组织教师参加市的岗前全员培训；在每个模块教学之前，对教师进行区级培训；开学后，组织各学科中心组研讨教学问题。

4. 推进教师专业发展

充分利用已启动的省级“名师工作室”，市级“名师工作室”的引领、示范和辐射的功能，促进教师的专业发展和成长。

5. 抓“请进来”和“走出去”

2012年3月5—7日，北京师范大学出版社与梅州市教育局在梅州市雁鸣湖风景区联合举办了梅州市基础教育新课程标准高级研修班。这次研修活动，我们请来了北京、上海等地的15位知名专家、教授、特级教师。教育部基础教育课程教材发展中心常务副主任曹志祥教授作了《多元的需要与多样的选择——兼谈高中发展与课程改革》的报告；首都师范大学石鸥教授作了《义务教育课程标准修订和审议概况》的报告；广东省教育研究院副院长、省教研室主任吴惟粤主任作了《改革课程与教学，创新人才培养模式》的专题报告。市及各县（市、区）教研室教研员、市直中学分管教学的副校长、学校骨干教师代表，共计130多人参加了研修学习。12月20日，省中小学特级教师教学支援活动在我市举行，省教育厅派出13个学科共29位专家（特级教师或省优秀教师），分别到东山中学、鸿都小学等8所学校上示范课并开设专题讲座，为我市教师传经送宝。市教研室组织市及各县（市、区）教研室相关学科教研员、全市高（完）中相关学科高三骨干教师、各县（市、区）小学相关学科教师代表，共1000多人参加了活动。

2012年4月6—9日，市教研室组织全市各县（市、区）教育局分管教学的副局长、10所重点中学校长（或抓教学的副校长）、部分骨干教师共计30多人，组成教育学习考察团，前往全国名校——河北省衡水中学进行考察，通过参观、听报告、集体座谈与个别交谈等形式，对该校的教学、管理、教研、德育建设、校园文化、师资队伍建设等方面进行了全方位的学习考察，还到人民教育出版社听取教育专家关于高考命题趋势及高中教育改革情况的专题报告。

2012年6月组织市教研室教研员、各县（市、区）教研员及学校骨干教师到东莞参加省教育厅组织的义务教育新课程标准及新教材培训，通过学习了解的新课程（2011年版）新变化新要求，为今后继续实施新课程提供了很好示范和丰富教学资源。

2012年12月，省教育厅派出了13个学科29位专家（特级教师或省优秀教师）到我市开展特级教师教学支援活动。专家们分别到东山中学、梅江区鸿都小学等8所学校上示范课并做了专题讲座，充分展示了他们先进的教育理念和对新课程的研究成果。专家们精彩的课例及报告，使我市教师大开眼界，深受启发，收获匪浅。

以上形式多样的新课程师资培训活动，是我市教育史上规模最大、组织最完备、内容最丰富、历时最长的师资培训，对教师专业成长和师资队伍建设起到了不可低估的作用，成果丰硕。

（三）因地制宜，优化整合各类课程

一些学科课程标准要求与教学实际相距甚远，不少教材编写过于匆忙，内容编排不尽合理，容量过多、偏深偏难，又缺乏循序渐进的梯度，跳跃性大，系统性、逻辑性较差，加上教参资料、练习配套不足不好，学校硬件设施（如教室、某些实验仪器）陈旧落后，课时严重不足，很多模块无法在36学时内完成。课程改革实践中，教学困难很多，教师、学生负担较重，“消化”不良。为化解这些矛盾，我们根据国家课程方案的基本精神和课程标准的基本要求，结合本地各校的实际，针对课程对象群体的不同，根据对课程目标内容、结构安排的理解，按照教育教学的规律，协调各类课程，整合互补，优化课程结构，完善课程体系，基本完成了教学要求。

1. 优化整合必修、选修课程

我们强调保证必修课程的修习质量。课程安排首先保证必修课程的修习时数。实际教学中，不少学科的必修模块如果按照课程方案的修习时数是无法完成教学要求的，特别是理科数学和物理。我们适当倾斜，通过整合选修课程的方式，给这些科目增加了实际授课时数，加强了这些必修模块的教学研究，以保证教学质量。

我们根据新课程实验的实际，重新审视选修课程的地位和目标（除了对必修课程的拓展，还要完成必修没有能够很好完成的课程目标，对必修课程进行补充、巩固）。我们区别对待各个科目选修课程，讲清它们不同的地位和功用，如英语的选修模块实际上是必修模块的延续、加深，语文的选修模块是必修某些内容的拓展，数学的选修模块则完全是新的学习内容，在教材处理、教学方法、学习方式各方面就应该有所不同；我们慎重研究新课程“选择性”的要求，指导学生结合自己今后继续学习和发展的方向，从实际出发，综合考虑个人、社会和家庭的需要，选择自己修习选修课的方向。

我们摆正选修课程和必修课程的关系，做好必修课程和选修课程的衔接，把必修和选修作为一个整体课程来安排，妥善开设选修课程，通过调整课时宏观调控各模块的权重，通过教学指导帮助教师处理教材、使用教材，提高了教学效益，保证了教育质量。

2. 优化整合国家课程、地方课程和校本课程

我们探索国家、地方和学校三级课程如何优化互补，充分利用地方与学校课程比较灵活机动的特点，根据新课程实验过程中出现的问题，及时自主开发相应的地方和学校课程，以补充和拓展国家课程。我们引导学生充分利用校内外各类课程资源，在地方社会的大环境里学习、实践和探索，满足学生学习的需要，帮助学生更好地完成“三维”课程目标，提高了学生的综合素养。

3. 优化整合高考学科课程和非高考学科课程

我们优化整合高考学科必选修课程和选修二课程、非高考科目的综合实践活动课程（如研究性学习），组织和安排好技术课程（信息技术和通用技术）以及体育与健康课程、艺术课程，保证这些课程的教学、课时、收效、评价合乎要求。如，探索如何以一次活动为核心来整合课程，组织学生利用同一次活动，既完成高考学科课程必修课的学习，又完成选修二相关内容的学习，而学习的过程，又可以是一次研究性学习的过程。让学生通过整合的课程，进行综合的、立体的、开放式的学习活动，指导学生主动地创造性地学习，带动学生综合素养的提高。

这几年新课程实验，我们初步探索了一条必修与选修整体规划，国家、地方和学校三级课程互补互利，高考学科课程和非高考学科课程渗透结合的课程实施路子。一线教师根据学生的学习实际，根据学校的具体条件，优化整合各类课程，修订、充实、完善各类课程的结构和内容，丰富课程模式，用调、改、增、删、详、略等方法对实验教材进行校本化改造，改善实验教材，解决新课程与教育教学实际的矛盾，减轻学生负担，进一步提高教学效益，完成新课程实验任务。

但是，目前各类课程的实施还不够均衡。由于高考、中考不考非高考学科课程，相当多的学校对综合实践活动课程、技术课程、艺术课程不够重视（体育好一些），教师配备不足，课时被挤占，研究性学习课程也逐渐式微。今后要进一步组织宣传学习非高考学科课程对拉动、拓展高考学科课程、提高学生综合素养的重要作用之外，还要必须从体制上予以保证，探索简便易操作的学生综合素质评价的方法方式，加强教育督导，全面实施素质教育。

（四）积极开发地方、校本课程，发挥三级课程的整体效益

我们根据国家“实施国家、地方、学校三级课程管理”，“鼓励地方开发适应本地区的地方课程”，并“充分利用各种课程资源”的要求，积极开发地方和校本课程资源，整合三级课程，发挥三级课程的整体效益。

我们进行梅州地方课程构建实施和资源开发的研究，利用梅州丰富的地方课程资源，编写了地方课程教材系列《客都梅州》《梅州地理》《梅州历史》《品德与生活》《品德与社会》，《客都梅州》已经省教育厅审定通过，为选修二课程提供了教材或素材，如梅江区小学语文学科增设地方课程《客都梅州》作为选修二课程，每班分为若干个学习小组，每个学习小组自选一个专题，各学习小组在任课教师的指导下开展学习活动，利用每周一节课的课堂时间交流学习情况、探讨有关问题，重视学生课余学习与课堂交流的表现，教师也上课指导。一个模块学习结束（修满20个学时），要求小组写出所选专题的学习研究报告，学生提交自己学习的成果（如读书札记、论文和其他文章），最后组织各学习小组交流展示学习心得成果，师生根据学生的学习质量予以评价，给予学分认定。梅县东山中学、梅州市曾宪梓中学等10所广东省示范性高中目前已开发了人文素养类课程、科学素养类课程以及活动、生活、技能类课程等校本课程200多门。

我市注意将三级课程整合起来，互补互利，相得益彰。我们研究国家课程和地方校本课程的联系，研究必修课程和选修课程的联系，研究学术性课程和非学术性课程的联系，注意整合各类课程。我们倡导以一个活动为载体，贯串多个课程，用最少的时间，完成尽可能多的课程学习任务。探讨一条将研究性学习与选修二课程、与必修的活动课结合起来的路子，与学科类课程结合起来的路子，充分利用学生的学习实践活动，提高学生学习实践活动的利用率，做到省时高效。

与地方、校本课程一起成长的是综合实践活动课程，特别是研究性学习活动课程。每个高中学生至少完成三个研究性学习活动课题，各个学校将研究性学习活动与选修二课程或学科的综合性学习整合起来，加强了对综合实践活动模块的课程指导。梅县东山中学、梅州市曾宪梓中学等在高中基础性学科中开展研究性学习，拓展延伸基础学科知识能力，实验、调查研究、科技项目设计、网络主题探究各类研究性学习硕果累累。义务教育阶段学校的综合实践活动课程，开展得有声有色，研究课题的内容和形式多种多样，重实践，重过程，重能力培养，引导学生关注社会，关注生活，提升了学生的综合素养。

但是，由于地方、校本课程的定位不明朗，而且由于中考、高考等因素的影响，地方校本课程、综合实践活动课程近年面临萎缩，实施困难，举步维艰。课程教学需要的教师、课时、教材等都难于到位，需要出台相应的政策措施，更需要地方有识之士大力支持。

（五）通过常规教研活动，解决新课改实施中的问题

我市教师队伍比较薄弱，各校力量不平衡，实施新课程教学困难重重。我市健全区域教研和校本教研制度，开展市、县（市、区）和学校三级教研活动。10年来，主要是通过以下几类教研活动，指导解决新课程实施中的问题。

1. 组织专题研讨活动

我们坚持每年都组织专题研讨活动，研读课程方案、课程标准和国家、省市有关文件，直接面对新课程改革实验过程中遇到的种种问题。如，如何认识和完善新课程教学的知识体系、能力体系，教学中如何处理学生自主学习和教师有效指导的关系，如何整合信息技术与学科教学，如何统筹新课程学习和新高考备考等等。研讨采取灵活多样的形式，包括大会报告、专家讲座、教学骨干座谈、校长沙龙等等，从理论和实践各个层面进行探索，指导普通高中新课程实验。

2. 进行教学指导

进入新课程实验以来，市教研室把进行教学指导、开展新课程调研作为指导课程实验的基础工作，采用集中调研与学科分散调研相结合、综合调研与专题调研相结合的多种方式，每学年均制订教学指导计划，把调研工作经常化、制度化，加强了调研活动的力度。通过视导调研掌握了新课程实验的进展情况，摸清教师在认识上与新理念上的差距，新课程实施中出现的困难和问题，以及教师专业发展需求，使教研工作的针对性、实效性大大加强。

除了继续到重点学校指导之外，我们特别注意普通中学和新办学校的教学指导，以推动我市教育质量的全面提高。一些区县还采取分片集中的方法，将几个学校相关学科的教师集中到接受指导的学校，参与学习研究，扩大教学视导的范围作用，及时解决实验的问题。

3. 加强备课组建设

针对新课程教材新、资料少、课时紧、问题多的实际，市教研室组织各学科教师认真探索和研究新课程背景下教学的新要求，包括关于教学内容的呈现方式、学生的学习方式、教师的教学方式和师生互动方式等方面的研究，在课堂教学中贯彻落实新课程理念。各学科每学期均举行模块教材分析会，由教研员或者请专家解说新课标和新教材，学科教研员对教材各单元的安排和教学提出建议，要求各重点中学尤其是样本校，拿出教学设计做示范，包括各模块的整体教学安排，各个单元（或章节）的教学设计，举行市级说课活动。如语文科整合课程资源，组织教师将五个必修模块所有各单元，以及文言文、古诗词、传记、小说等选修模块部分单元都做了教学设计，在全市相关年级教师中交流、说课，并在教研员的博客上设置网页，各必修选修模块均分门别类集中了各单元的相关资料、教学设计、练习测试、上课课件，教师备课十分方便，能够较好地按照新课标、新教材的要求上课。

各县（市、区）学科中心组和学校教研组、备课组，加强经常性的集体备课和说课活动，共同切磋新课程教学问题，互相帮助，取长补短。如梅县东山中学、梅县高级中学各学科备课组保证每周至少一次集体备课，交流新课程的教学情况、心得，分析存在问题及解决方法。各中学将各科上课课件和备课资料都集中起来，通过学校局域网，学校教师资源共享，师源共享，提高了学校的教学质量。

4. 组织实验课、观摩课，开展听课评课活动

新课程改革实施以来，各学科根据新课改的重点和难点，以提高课堂教学效益为中心，举行各种类型的实验课、观摩课，力求落实课程标准要求，准确解读新教材，从学生的实际出发，创设情境、贴近生活，激发学生的学习兴趣，改变以往的“满堂灌”的教学方式，引导学生主动学习、合作交流和探究性学习，帮助教师进一步领会新课标，努力提高教师使用教材、驾驭课堂的能力，提高课堂教学的效益。

我们积极发挥样本学校的作用，每年梅县东山中学、梅州市曾宪梓中学、兴宁一中等都举行教学开放周，内容包括教学公开课和专题研讨，全市各校教师一起交流学习，取得了良好的效果。

2006年我市出台了《梅州市普通中小学教学常规管理若干意见（试行）》，对教学常规管理做了规范要求，明确了校长、教务主任、教研组长、备课组长及市区县教研室教研员的工作职责，规范了教学过程管理。使各类教学人员和管理者均职责明确，使我市课改工作更加有序，更加规范。各学校开展常规性的听课评课活动。除教师互相听课评课外，学校也积极开展校本教研活动，请本校教学骨干或外请专家上探索课、示范课。据不完全统计，十年来仅梅县就举行各种类型的教学观摩课120多次，参加活动的老师近3600人次。许多学校开展了常规教学“五个一”活动，要求参加新课程实验的老师，每人均必须交一本教案、一份示范性教案、一份听课析评，制作一个高质量的课件，上一节汇报课。

由于新课程从课程目标、教材内容、教学方法、学习方式都有极大的变化，强化听评课活动这种直观、形象的教学研究活动，不仅新教师、青年教师受益，提高了业务能力，就是老教师也通过这一系列活动，得以重新学习，转变理念。

5. 组织各类优质课评比

普通高中进入新课程实验以来，我们组织教师、学生进行各类教学比赛活动，通过比赛，促进教师学习教育理论，钻研业务，提高教学水平。

各学科分别组织优质课、录像课评比，并将优秀课例送省教育厅参加比赛，组织学生参加各学科竞赛活动。通过评比、比赛，进一步提高学生能力、提升教师教学水平。

（六）重视课题研究，实施科研驱动

我市重视把课题研究作为全面提升教师专业素养和科研能力的切入点，持续加大教育科研力度。根据基础教育新课程实验亟待解决的问题，设计和选择科研课题，市、区、校各级都广泛开展课程改革课题研究，坚持以研促教，用科研课题实验带动高中新课程工作。近年来，市、区教育局积极推进全市的教育科研工作，到目前为止，梅州市已立项的课题总数有384项，其中国家级课题2项，省级课题103项，市级课题279项。通过开展课题研究，使教师的教学水平、教研能力和科研水平都有很大程度的提升。

2011年我市有7项课题参加省“十二五”规划立项，其中有重点课题2项，一般课题5项。如我市教研室刘应成主任主持的省重点课题《新课程改革对中小学数学教学方式转变的影响研究》、张书良副主任主持省重点课题《高考物理实验考查方式及评价机制的研究》等7个省级课题已经在全市各区县全面铺开，取得了阶段性的成果。2012年秋新申报的一批新课程课题，也相继开展研究，发挥了科研驱动的重要作用。

（七）开发网络资源，构建服务全市师生的学习和交流平台

为了更好地为老师和学生的教学和学习提供强有力的支撑，服务课改，提高教学质量，及时交流和探讨课改经验，展示老师和学生的成果，从课改实施开始，就在梅州教育城域网上开设新课程专栏，2011年市教研室依托梅州教育城域网，建立了新课程学习网站“梅州教研”，为师生开展网络学习、网络教研创造了良好的外部环境，同时也为师生交流地方课程学习心得、展示地方课程学习成果提供一个平台。为更好地提高梅州教研质量，提供更好的交流平台，市教研室于2012年12月筹备创办《梅州教研》杂志，预计2013年1月出版第1期。目前，许多老师和学生都通过这些平台开展各种教学研究和学习活动，为全市中小学的师生提供全方位的网络信息化服务。收到很好的效果，社会反映很好。

（八）加强教育教学质量监测，提高教学质量

加强基础教育教学质量监测，是为了进一步规范我市中小学教学管理行为，实现教学管理的科学化、教学行为的规范化、教学常规的制度化、教学评价的多元化；也是为了促进学生全面发展、教师专业成长、学校课程的实施，推动基础教育的改革和发展，全面提升我市义务教育阶段教育教学质量的重要手段。

教学监测的内容包括：课程实施、教学管理、教师发展、学生成长、科研课题、校本教研六个方面。监测对象包含学校、教师、学生。监测的形式分集中和随机两种。

1. 市级监测

市教研室负责对全市学校的课程实施、教学管理、教师发展、学生成长、科研课题、校本教研等方面，将采用推荐和随机抽样的方式，重点对不同地域，不同办学水平的小学、初中进行抽样监测，主要采取听取汇报、随机听课、随机抽测、查阅资料、教师访谈、学生问卷等方式进行，近年来市教研室每年组织高一、高二期末质量抽测，高三两次质量检测、初三一次质量检测。

2. 县（市、区）级监测

县（市、区）教研室负责对本区域学校的教学从过程性、效益性、发展性三个方面进行监测。主要采取听取汇报、随机听课、随机抽测、查阅资料、教师访谈、学生问卷等方式进行。同时负责对不同年级的教学质量和学业考试进行监测。

3. 校级监测

校级监测每学期不同年级进行两次（期中和期末），根据监测内容查找学校存在问题，并提出学校下一步整改与努力的方向。

全市的质量监测，有效地促进全市各县（市、区）的教学同步提高，加强全市教学管理，提高了全市中小学的教学质量。

（九）加强新课程新高考的研究，高考取得好成绩

在新课程改革实验中，我们十分关注新课程与新高考的衔接，把落实新高考的备考教学工作，作为普通高中新课程实验的重要环节来抓好。我们深入分析广东新课程、新高考的特点，把握课程改革、高考改革发展的走向，研究新高考如何按照新课程标准进行考试，及时发现问题、校正方向，调整教学和备考计划。多次召开备考现场会，推广典型高中学校新课程教学、高考备考的经验，调动了学校和教师的积极性；各学科也分阶段组织了一系列教学活动；精心命制各学科的高考模拟试题，有的放矢，科学应对，强化针对性的指导，推动全市高中新课程实验、高考备考工作向纵深发展。

为了更有效地开展高考备考工作，我市邀请广州市教研室专家到我市开展高考备考专题讲座，2011年12月29—31日，广州市教研室高考备考专家组一行13人，由林少杰书记带队，前来我市开展对口教学帮扶活动。市教研室及各县（市、区）教育局教研室高考相关学科教研员、全市高（完）中校长、全市高（完）中高考相关学科高三骨干教师共1300多人参加了此次活动。活动中，专家们对如何理清备考工作思路，如何明确备考目标，如何落实备考措施等方面进行了精彩的演绎，在如何更新备考观念、强化过程管理、细化教学策略、严格备考管理、推进有效教学等方面进行了具体的指导。

参加活动的梅州市高（完）中学校领导及各学科骨干教师们纷纷表示受益匪浅，此次活动为进一步提高梅州市基础教育教学水平，加强高考备考工作的科学性与针对性起到了十分积极的作用。

2012年10月26日上午，市教研室组织全市各高（完）中的中学校长、10所重点中学分管教学的副校长及教务主任（科长）、各县（市、区）教育局教研室主任及分管高中教研工作的副主任、市教研室中学各学科教研员等共120多人在梅州市曾宪梓中学召开了全市高考备考经验交流会议。

我们专门请来广州市教研室特级教师钟阳做《广州市高考备考管理经验简介》专题报告。在报告中，钟阳老师从国家的人才战略、信息化时代的高考人才选拔标准、全省高考不同层次高校招生发展趋势出发，结合近年来全省高考招生录取的各项翔实数据，以及高考备考的典型事例，深入浅出地介绍了广州市高考备考管理经验，展示了他的备考管理研究成果。报告着重阐述了高考备考三个要点：一是坚持“总分优先”原则，打好高考总体战，二是要努力提高学科上线有效分，三是要科学制订学校高考目标。

2012年高考我市总上线人数32005人，总上线率突破八成大关，达到82.7%，比2011年又提高了6.84个百分点；总上线人数比2011年净增4130人，创历史新高。第一批（重点）本科上线人数1447人，上线率（文理科合并）3.74%。第三批专科A线以上上线人数21145人，上线率达54.64%，比去年增加546人。在全省前100名尖子生中，我市尖子生有10名，比2011年增加了5名，占全省尖子生的一成。

高考成绩从一个侧面检验了我市十年课改的成效，体现了我市基础教育尤其是高中教育的实力，展示了我市基础教育规模与质量双优发展的可持续发展趋势。

三、问题及成因分析

梅州基础教育课程改革已经走过10年，广大教师克服了种种困难，摸索前进，经历了“观念冲突—强化新理念—实践检验—产生困惑—进行反思”。目前，教师的整体素质得到提高，教师的专业发展已初步启动；初步形成地方课程和校本课程，较好地整合各类课程，提高课堂教学效率；教学方法与学生的学习方式有了初步的转变，中考、高考取得较好成绩，基础教育教学质量得到一定提升；教育信息化进一步普及，办学条件得到改善，促进了基础教育事业发展，新课程实验取得了一定成效。

但我们实施新课程中也发现了一些问题，亟须尽快解决。现实环境注定我们只能在条件缺失的情况下实施课改实验。课改是一个过程，而且是一个漫长的过程。任何教育改革并非都是以一种绝对好的模式代替另一种绝对不好的模式。改革中几乎每一项新举措的出台，在克服了原来做法不足的同时，又带来新的不足，由此导致了改革中的两难问题，课程改革也是这样。因此，我们不能把改革的目标当作改革的出发点，寄希望于课程改革一蹴而就，而要坚持不懈、坚定不移、坚忍不拔地朝着理想的目标前进。从这个意义上讲，实施课程改革也可以理解成走向课程改革。

（一）对课程改革认识理解存在一定偏差

1. 社会对新课改的理解和认同不到位

政府以及机关企事业单位对新课程改革了解不够，一般家长知之更少，在需要他们协助配合的时候，往往得不到他们的积极支持。如综合实践活动，由于实践性、活动性和体验性比较强，学生需要走进社区、工厂、机关、企事业单位，要求学生可以免费自由进出图书馆、博物馆查找各种资源或进行实践，显然他们并没有做好应有的准备，我们的学生经常遭到搪塞、推诿和拒绝，新课程遇到的困难不少。

2. 学校领导和教师对新课程的认识不到位

一些学校领导传统的管理理念与现代社会对人才培养的要求的矛盾比较突出，部分学校领导的现代教育管理理论水平不高，对学校的管理缺乏反思和创新，习惯用老一套眼光看新课程，校园文化建设落后，缺乏主动参与课程建设的积极态度。加上担心实施新课程会影响学科考试成绩等问题，有些人甚至产生改不改无所谓，只要成绩不下降就行了，使新课程实施出现滑坡甚至倒退的现象。

一些学校管理中的激励机制与新课程教师的评价不相适应。教师对新课程理念理解有限，实施新课程积极性不高，有些教师穿新鞋走老路，教学方式和方法没有根本转变。相当多的教师教学理念、教学方法、教学手段滞后，跟不上时代的要求；对学生的评价观念、对学生的学习方法的指导与新课程改革的要求有较大的距离；只管教不管学，缺少对学生实行以人为本的教育和管理。

3. 新课程目标的认识有偏差

基础教育课程改革提出知识与技能、过程与方法及情感、态度、价值观三维的课程标准。由于过程和方法或情感、态度、价值观相对知识与技能难以测量，加上现行的大部分考试很难关注后两者。因此，课堂教学仍然主要围绕着知识和技能进行。尤其在中学教学中，面对中考、高考的压力，课堂教学落实三维目标显然是还不够到位；可能正因为不可量化，所以在实现方式上也显得难以把握。有些教师为了实现三维目标，在某个教学环节勉强渗透进思想教育的内容，或者专门留出一个环节进行价值观的教育，以上情况都说明教师对于课程标准还没有掌握理解并纯熟运用。

（二）师资队伍建设不能适应新课程需要

1. 中小学专任教师数量不足

中小学综合实践活动、高中通用技术、小学信息技术、小学科学没有专任教师，农村小学信息技术、英语、音乐、美术、体育、综合实践学科专业教师不足。且农村学校教师年龄偏大，一般在50岁以上，学科知识储备不足，整体素质不高。中学的综合实践活动受中考、高考功利化影响，学校开设不规范，教学质量低。特别是山区农村小学教师老龄化严重，大多年龄在50岁以上，知识老旧，无法运用现代教育装备开展教学。

2. 教师素质参差不齐

我市高中专任教师学历仅为91.81%，初中为98.73%，小学为99.65%，整体素质不高，对新课程理论领会不透，对教学要求把握不够准确。

3. 教师工作量大，负担很重

由于学校扩招及教室不足等原因，我市大班额教学及部分教师任课班数较多的现象仍存在，教师担负的教学任务很重，指导学生开展课堂讨论进行探究性学习课时不足，与完成教学计划的矛盾相当突出，教师要落实新课程的教学目标和要求，指导学生的个性发展、培养学生个性化的学习方法有一定难度，也难以开展对学生的多元评价与发展性评价。

（三）教学管理及校本课程研究能力滞后

从调研情况来看，尽管不少学校已经运用了多种评价方式评价学生，但实效性不大，中考、高考仍然只用单一的成绩来衡量学生。学校师生比较多关注终结性评价，对形成性评价、过程性评价和定性评价的关注不够。过程性评价的操作策略还没有形成一套完整、科学的体系。部分学校还没有按要求开展学生综合素质评价，流于形式，应付了事。

1. 现行的评价体制很难让学校和教师真正把课改的理念转化为行动

虽然我们对学校、教师采取多方面综合评价，但考试成绩仍然占了相当大的比重，而且家长和社会对教育的评价还是以考试成绩为主，中考和高考依然是以一次考试成绩决定学生的命运，这种急功近利的现实使得教师和学生的应试压力都非常大，老师累，学生更累。

2. 初中毕业生的综合素质评定未落到实处

调研中发现，并不是所有学校都进行了综合素质评定。即便是进行了一定程度的学生综合素质评定工作，但在高中录取时都没有起到多少作用。原因是具体操作上有一定困难，学校、家长、社会不认可，人为因素多，很难确保其公平、公正性。

3. 课程管理机制不活制约课程改革的真正实施

“学分制”“走班制”与“选修制”既是高中课程改革的重要内容，也是课程改革的突出亮点，但在实施中困难重重。当前的高中课程改革中，选课制度和学分制管理被极大地突出和强化，在“以学生为本”的基本教育理念影响下，高中选修课的设置成为一种必然选择，理论上它为每一个学生提供了适合其个性化发展的课程资源。“选课制”是“学分制”和“走班制”的基础，“学分制”和“走班制”是“选课制”的必然要求，没有“学分制”和“走班制”，“选课制”就失去了其赖以存在和发展的基础。但具体到高中学校的管理层面，校长和教师们普遍感到“学分制”“走班制”与“选修制”实施的难度远比想象的要大得多。究其原因，首先是行政班级管理制度致使学生在班级管理模式（班主任的管理）的惯性作用下难于适应课程管理。其次是教室的不断调换，课桌椅的不固定，给学生之间的交往与情感的交流增加了客观上的障碍，容易导致学生缺乏集体荣誉感和责任感，给班主任的管理工作带来一定的困难。再次是学分制的选课、场地的安排、学分的计算等增加了教务管理的工作量和难度。最后是新的课程管理体制对学校的师资、上课、实验、实习场所和学校实验设备等的管理也提出了新的要求。此外，学分制最终都要纳入“学业水平测试”的综合考评之中。调研中，教学管理人员、教师普遍反映学分认定与学业水平测试之间存在着矛盾，认为学业水平测试有悖于课程改革的基本精神。在学分认定的管理规定中明确规定：校长是学分认定的第一责任人；学分认定小组成员由同学科或同课程内容的任课教师担任。这等于是把学生学分认定的主动权交给了学校，引导学校采取终结性评价与过程性评价相结合的办法来促进学生发展，而实行学业水平考试，无异于原来的会考改头换面重新上阵，学校领导认为这是政府部门对自己的学分认定工作的不信任，各校的学分认定委员会也觉得既然要进行学业水平考试，自身的工作似乎也没有什么意义，因为学生毕业资格的获得又寄托在一张张考卷的成绩上。实际上，学分制、选课制、走班制以及“学业水平考试”相互之间的矛盾根源都在于课程管理体制的不顺，对教育行政部门、学校和学生等主体之间的权责划分不清晰。

4. 校本课程的开发能力明显不足

作为课程，要有相关的课程理论支持，要体现科学性和规范性，它不同于学校的特色教育活动，校本课程的开发还需进行深层面的思考。新课程实施以来，许多学校开发出学校的特色课程，如大埔县大麻中学的广东汉乐、梅江区联合中学音乐美术五种校教材。但10年的新课程实践，校本课程缺少资金投入及相关部门的支持，学校开发的热情逐渐下降，开发和实施呈现出“局面好看，规范不够，后劲不足”的状况。

（四）新课程要求的条件不够完善

1. 配套的设备设施不完善

新课程要求中小学在开放的环境中组织教学与实践，但是，社会教育资源的整合水平还有待提高，一个有利于学生生活经验的形成和表现的社会环境还没有最终形成。所有这些，都需要我们今后进一步提高制度和政策的配套水平。

中小学的实验室建设还需要加强，部分学校的实验室及设施还不能满足课程标准的要求，我市还有很多农村小学没有科学实验室、计算机室和足够的体育运动场地。部分农村中小学校经费短缺，无法配备基本的理化生实验设备，更不用说计算机室和信息化平台进课堂了。

新课程要配套的体育馆、游泳池、体操室，很多学校无法配套。乡村小学基本没有信息技术教师、实验员或实验教师，专业的英语、音乐、美术、科学、综合实践活动和体育教师也相当缺乏，由于布局调整活动后，很多乡村小学人数大量减少，又复办了复式教学，一个教师包两个年级所有课程，不要说新课程，能把数学语文两科教完就已经不错了。

高中选课的教室，技术课的设备，社会实践的场所等等，都需要从头考虑，很多是目前无法解决的。很多学校没有体育馆，没有体操室，运动场地不足，音乐、美术、舞蹈、通用技术等场地、器材严重缺乏，致使一些模块不能开课。

2. 配套的教材存在不足

教材是实施新课程最基本也是最重要的载体。不可否认，力图体现新课程理念、具有创新特征、打破旧教材结构体系的各种版本新教材各有特色、各有所长。通过问卷调查和教师座谈会等途径，我们发现我市教师在课改实验中，在实施新课程和使用新教材时，感到还存在如下不足：

一是高中新课程方案、新课程标准过于理想化。由于中国地大人多，各地的经济、教育发展状况极不平衡，因而新课程方案、新课程标准应当是最基本、最起码的要求。但是事实上即使是文化经济发达的城市学校，往往也难以达到高中课程方案、课程标准的要求。建议高中新课程方案、新课程标准列出基本要求和提升要求，对条件不同的地区分别要求，分别实施，逐步提高。

二是普通高中新课程结构需要进一步优化。如高中语文、数学、英语必修模块都只设置5个，要求用1.25学年的时间，完成基本的课程目标，实验证明这是无法达到的。必修和选修模块的比例以及学时分配，都需要进一步整合优化。各科选修课程不平衡，如理科数学和物理，就远比其他一些科目内容多、难度大，学校课程难以安排。不少科目选修课程的定位不当或不清，一些科目的选修模块太杂太多，缺乏整合。如何处理选修与必修课程的关系还有待研究。

三是课程标准规定的教学内容不合理。一些学科主干知识的删减，影响了学生对学科思想、原理和规律的掌握；某些学科把大学的部分内容下放到高中，超越了中学的实际；是数学、历史、思想政治等学科知识总量增加，能力要求提高，而教学时数不足，使一些教学要求未能得到落实；部分学科的课程标准过于空泛，课程目标要求不够明晰，科学性、可操作性还需要进一步改善。如高中历史、数学课程标准。

四是高中各学科新教材知识容量过大，偏深偏难。新教材编写的原意是改变旧教材繁难偏旧的弊病，但不少教材编写过于匆忙，内容编排不尽合理，知识和能力体系凌乱，跳跃性大，系统性、逻辑性较差，缺乏循序渐进的梯度，教师及学生的负担不但没有减轻，反而大为加重，尤其是选修课程难度特别大。

五是地方、校本课程建设面临困境。选修二的“课程”定位不清，而且由于高考等因素的影响，地方、校本课程实施困难重重。由于受教材免费政策的影响，即便是经过省教育厅审定通过，并列入《广东省中小学地方教材目录》的地方课程教材，也没有纳入到省政府采购范围，学校又无法自行采购，地方课程教材发行成为一个十分棘手的问题。组织选修二课程（地方、校本课程）教学需要的教师、教材（素材）、课时等都难于到位，亟须政策上的支持。

六是高考对新课程实验的课程设置、教学内容、教学方法等影响巨大。新课标高考的方案以及各科试题，如何进一步与普通高中新课程接轨，体现新课程的理念，反映高中课程改革的教学内容及学科新成果？我们认为高考方案还需要逐步改善。

四、对策建议

面对未来，我们如何在新的形势下，落实省委、省政府提出的“教育创强”目标，实现梅州跨越式发展与均衡发展，进一步提高我市基础教育教学质量，再写梅州教育新辉煌，现提出以下对策与建议：

（一）加大投入，改善办学条件

要根据当前实际，结合长期发展目标，采取有效措施，积极筹措资金，加大投入，按教育现代化要求配齐配足功能场室，充实常规教学仪器和现代教育教学设备设施。中学要建设与学校规模相适应的满足高中新课程实验需要的、建设要求符合省定标准的教室、实验室（含学科探究室）、多媒体网络计算机室（含计算机辅房、工作室）、语言实验室、历史室、地理室或地理园、生物园、通用技术实验室、综合电教室、音乐室、舞蹈室、美术室、心理辅导室；配齐理化生仪器室和准备室，配套音乐器材室、美术器材室、体育器材室、电教器材室，设置综合档案室、卫生室、团队室、展览室等。按标准采购配套图书馆图书报刊、教参、工具书，设置学生、教师阅览室和电子阅览室，建设体育馆、游泳池等体育场所。配齐实验员、卫生技术人员和专任教师。

加大投入，对新课程改革中亮点设计的领域，如综合实践活动、综合素质评价、通用技术、艺术等，要增加相应的专业支持；在外部支持方面，经费、政策、教师编制、舆论环境等方面要花大力气形成合力，促使新课程顺利发展。

（二）科学管理，规范课程教学管理

切实加强中小学领导班子建设，倡导“以人为本”的管理理念，建立了系统化、科学化的管理机制，不断提高决策水平和治校能力，进一步规范了办学行为。

一是要加强学校领导班子建设。不断组织学校领导学习学校管理理论，重视对教学常规和教研、教改工作的管理和指导。二是要推行管理模式改革。学校要对传统的学校管理方式进行改革创新，倡导“以人为本”的管理理念，实行制度管理和情感管理相结合的管理模式，构建科学的管理架构。三是要规范办学行为。学校认真贯彻落实教育部《关于当前加强中小学管理规范办学行为的指导意见》和省、市、县相关文件精神，进一步加强了学校管理，规范办学行为。四要加强教师队伍建设，市、县（市、区）两级教研部门和学校要积极创造条件，通过各种方式，如专业研修、定期培训、外出考察、实践探索、校本教研、学科教研组建设等途径，促进教师成长和专业发展。同时，学校要逐步建立健全促进教师发展的教师评价体系。科学配置学科教师，尤其要配齐农村学校的信息技术、英语、科学、体育、音乐、美术等学科教师。

（三）深化课改，提升教育质量

学校要把教学质量作为学校工作的生命线。在狠抓教学常规管理的同时，以提升学生能力为目标，积极稳妥地推进课改工作。

一是狠抓教学常规管理。在教学常规管理工作中，学校要坚持抓好“备、讲、批、辅、考”各个环节的落实，对教学常规工作常抓不懈，落实检查、评比措施，并与教师的绩效考核、评优评先挂钩，确保教师教学常规工作落到实处。

二是继续推进课改工作。在课改工作中，学校重点在引导教师教学方式的转变和学生学习方式转变上下功夫。要求教师改革传统的教学方式，活用教材，充分调动学生的主动性和创造性；引导学生转变学习方式，变

"被动学习"为"探究性学习"，成为学习的主人，培养学生的学习兴趣，促进教学质量的进一步提高。

（四）加强宣传培训，提高课程实施水平

1. 继续加大新课程宣传

政府、社会各个部门要继续对新课程加大宣传力度，使新课程理念家喻户晓，争取各方面更大的支持，切实保证新课程顺利实施。

2. 进一步实施新课程教师教材培训

通过培训，使学校领导和教师及时了解现代教育理念，更新观念，提高思想认识，从而提升专业素质。熟悉新教材，准确把握新课程精神和课程标准的要求，用好教材，科学有效地实施新课程。

（五）完善教研科研机制，推进课程教材教学改革

完善市、县（市、区）、校三级教研网络，发挥教学研究、指导、服务功能，进一步提高教研工作的针对性和实效性，不断解决教学中出现的问题。

1. 加强市、县（市、区）级教研队伍建设

首先是要配齐配足各市、县（市、区）教研室学科教研人员；其次是进一步建立和完善教学研究制度；最后是要加大教研经费的投入，保证教研机构的教科研课题研究、教育教学指导、业务培训、教改项目实施、教研活动等工作的正常开展。各教研部门要以教学常规管理为切入点，以提高课堂教学质量为突破口，全方位开展教学研究工作，全面推进均衡发展，稳步提高教学质量。

2. 加强校本教研力度

各学校要认真制定好本校长期、中期和短期的校本教研规划（如几年计划、学年计划、学期计划），明确校本教研的目标、任务和具体内容，组织开展好校本教研。各学校要按照基础教育课程改革要求，结合学校教学实际，积极开展形式多样、内容具体的校本教研活动，校本教研要扎实有效、切忌流于形式，力争每一次、每一项教研活动都能解决实际问题，

推动教学工作有序、高效进行。

3. 加强教育科研

调整优化市、县（市、区）科研领导机构，完善教育科研管理制度，重点是完善定期教育科研课题申报评奖激励机制，加强教育科研的指导力度，增加经费投入，积极创造条件，鼓励教师踊跃参与教育科研，促使教师从经验型向研究型转变，继续打造一批学者型、专家型的名师，实现以科研提升促教育质量提高。

到2012年止，新课程实验在我市全面实施已逾10年，进展平稳顺利，但也存在一些问题和困难。我们决心以创建广东省教育强市为契机，实施“协同作战、区域推进、自主发展、均衡优质”的工作策略，从梅州实际出发，通过探索教育发展规律，初步形成和逐步完善新课程实验有效的推进机制，促进我市新课程实验从平稳开局、稳步推进走向全面深入。

广东梅州农村中小学布局调整研究

一、导论

（一）研究背景与问题的提出

农村教育的发展是当今中国教育事业的重中之重，是我国教育事业长期、持续、健康发展的一个十分重要的问题。同时，其良好的发展不只是关系到广大农民的利益，还关系到国民素质与综合国力的提升。2001年《国务院关于基础教育改革与发展的决定》中将调整农村义务教育学校布局列为一项重要工作，并指出应“因地制宜调整农村义务教育学校布局。按照小学就近入学、初中相对集中、优化教育资源配置的原则，合理规划和调整学校布局。农村小学和教学点要在方便学生就近入学的前提下适当合并，在交通不便的地区仍需保留必要的教学点，防止因布局调整造成学生辍学。学校布局调整要与危房改造、规范学制、城镇化发展、移民搬迁等统筹规划。调整后的校舍等资产要保证用于发展教育事业。在有需要又有条件的地方，可举办寄宿制学校”。同年，国务院召开的全国基础教育工作会议也将农村中小学布局调整列入发展农村义务教育当前要重点抓好的六项工作之一。因此，自2001年起，各级政府纷纷制定本地区的农村中小学布局调整规划，农村中小学布局调整工作在全国范围内广泛开展。实际上，我国的农村中小学布局调整已经取得一定的成效，优化了农村中小学教育资源的配置，加快了教育信息化的步伐，提高了教育资源的利用效率，促进农村义务教育改革以及发展，推进了农村区域内教育的均衡发展，使中小学校布局更加合理。

但随着我国教育改革逐渐深入、教育工作重点的转移以及全面素质教育的提出，现阶段我国农村中小学校布局逐渐显现出诸多不合理之处：一是农村中小学校布点比较多，学校的办学规模小，使我国农村中小学人力、物力以及财力的效率效益低下；二是农村中小学校的办学条件差，学校师资水平低，教学质量较低；三是农村中小学校教师数量相对不足，学校校舍闲置状况较为明显，特别是我国自从20世纪80年代以来，农村中小学招生的生源数量逐渐减少，原有的校舍出现了闲置与废弃的状况，又加上为了保障“普九”验收合格，各地的农村又进一步新建了不少新的校舍，使校舍闲置的情况愈演愈烈。

正是因为我国农村中小学校布局不合理、基础教育投资体制存在一定缺陷，使得我国广大农村中小学的教育资源投入先天不足，于是我国农村中小学教育出现了另一个尴尬的局面：一方面教育投资不足；另一方面又因教育规模不合理而浪费了有限的教育资源。为此，对我国农村中小学进行有效合理的布局调整，已经成为摆在各级政府面前的一个十分紧迫以及急需解决的热点问题。

基于以上原因，本论文结合我国农村中小学布局调整的背景，以广东梅州作为个案研究，在理论上，借鉴了国内外学校布局调整的经验，分析了梅州农村中小学教育、布局调整的现状，找出布局调整存在的问题以及存在原因，提出对梅州农村中小学布局调整的对策与建议。

（二）研究目的和意义

1. 研究目的

本研究的目的在于通过对当前广东省梅州农村中小学布局的现状分析，着重探讨农村中小学教育现状、布局情况以及布局存在的问题，并进一步分析广东梅州农村中小学布局调整现状，并有针对性地提出具有操作性的建议与措施，希望能对梅州农村中小学布局调整以及其他地区农村中小学布局调整的理论研究与实践探索起到指导与借鉴的作用，使农村中小学布局调整工作可以顺利进行，促进农村中小学教育的发展。

2. 研究意义

农村中小学教育布局调整研究对农村教育发展有着十分重要的作用，现阶段国家、政府、社会以及学校都对农村中小学教育布局调整的问题特别关注，这对农村教育发展有着重要的指导意义。具体来说，针对义务教育现状，探讨梅州农村中小学布局问题，对进一步缩小梅州地区与城乡教育之间的差距，促进梅州教育发展具有十分重要的理论意义和实践意义。

理论意义表现在：教育均衡发展是现阶段我国基础教育发展的一个重要发展方向，是现代教育发展的新趋势，而教育均衡发展实质则是教育资源均衡配置。为此，本论文以农村中小学布局调整为出发点，通过对梅州农村调查研究，探究中小学调整过程中存在的问题以及对策研究，进行了中小学布局调整中教育资源配置的理论研究，有助于深化对中小学布局调整的认识，为中小学布局调整工作特别是广东省梅州农村中小学布局调整工作提供正确的认识基础和理论依据。

实践意义表现在：实施学校布局调整是贯彻“科教兴国”战略、巩固义务教育成果的迫切需要，是优化教育资源配置、提高办学质量和效益的先决条件，是全面实施素质教育和推进教育现代化的重要措施，也是农村税费改革的客观要求。进一步调整学校布局，实现办学规模化和集约化，提高办学的质量和效益，是目前梅州创建教育强市的需要，是当前教育事业发展的一项基础工作。为此，本论文针对广东梅州农村的特殊经济、社会环境以及教育现实，为梅州农村中小学布局调整存在问题的解决提供了针对性、可行性的解决对策与保障措施，为今后梅州进一步调整农村学校布局提供指导与借鉴的作用。

（三）文献综述

1. 国外研究现状

自20世纪70年代以来，国外学者曾就学校布局调整进行过大量的研究。尽管有国情的差异，但是在许多方面对我国当前中小学布局调整具有一定的借鉴和参考价值。国外对学校布局调整的研究主要集中在学校布局调整的原因、学校布局调整的标准、关闭学校的后果以及如何降低学校布局调整带来的不良影响等方面。

（1）学校布局调整的原因

Sara Heshcovitz（1991）在《教育服务的社会空间变化：特拉维夫和耶路撒冷》（Socia-Spatial Aspects of Changes in Educational Services：Telaviv and Jerusalem）中分析了人口变动对特拉维夫与耶路撒冷的学校布局的情况，其基本上从三个方面来分析中小学布局调整的情况，一是生育率的下降使学龄人口减少促使学校布局调整，即二战以后，西方国家在经历了短暂的“婴儿潮”之后，很多国家的生育率普遍下降，特别是到70年代逐步进入低生育时期；二是人口迁移的影响，以利物浦为例，由于该地大量人口的迁出，1962—1977年出现了出生人数大大下降，年人口出生数量由1962年的16479人降到1977年的6166人，下降达62.6%，使得大量的学校被迫关闭；三是生育水平变化与人口迁移的共同作用导致人口年龄结构的变化。

（2）学校布局调整的标准

学校布局与调整的标准通常有两个：一是学生上学的距离，二是学校覆盖的服务人群数量。Douglas Lehman（2003）用三种方法来衡量学生的上学的距离：一是物理距离，即实际上地理位置的空间距离，可以用公里来进行衡量；二是时间距离，主要是由于一些特殊自然条件（山地、河流、森林等）的阻碍而延长上学路途中的时间；三是文化距离，主要是由于学生由于某种原因必须到其他地区上学，且在异地上学受到不友好的对待，从而导致辍学的距离。

另外，Serge Theunynck（2003）在《发展中国家的学校建设：我们知道什么？》（School Construction in Developing Countries：What Do We Know？）中根据学校布局调整标准来划分，不同的国家其情况并不相同，如巴基斯坦在第四个教育计划中，没有涉及中小学布局调整问题，导致中小学布局的格局十分不合理，要么就是学校难以找到学生，要么就是学校的资源不够用，此情况在以后得到改善；1993年印度则采取了一定的学校布局调整标准，其小学低年级学校覆盖的区域为：平原地区半径1.5公里、山区为1公里，小学高年级3公里。结果发现，当时有130万小孩不在小学覆盖范围内。大多数非洲国家采取了学校覆盖区域的最小人口数标准：毛里塔尼亚为600居民，一个标准街区2个教室，冈比亚是一个街区2个教室；几内亚是一个标准街区3个教室。这些国家的主要目标是力图在最小单位建筑成本和避免教室利用不足的前提下，迅速扩展教育网络。这虽然对当地教育起到一定的积极的作用，使得许多国家在资源不足的情况下，学校迅速增长，但大多数学校的规模比较小，其巩固率也很低，这些与全民素质培养目标是相去甚远的。

学者塞尔加·塞尼克（2004）则在自己的学术研究中十分注重学校布局调整标准的研究，并提出了标准的重要性，他认为：学校布局的调整必须需要相应的标准，若是没有标准学校就有可能会建在不适当、不合理的位置，导致学校资源浪费。

同时，塞尔加·塞尼克（2004）还认为：需要建立一系列弹性的标准，否则将会影响到学生的入学情况。特别是学校的建设应靠近到生源地，尽量为学生提供方便，并且需要结合成本效益的原则将更多的学生容纳其中；耶格尔也对学校布局调整提出自己的观点，即三条布局调整标准：一是由于多种原因，将学生转到新学校的不适最小化；二是原学校的建筑可作其他用途；三是尽量降低关闭学校对社会的各种影响，以上的标准都是可以运用计算机进行模拟的，为那些要关闭学校的“问题地区”提供决策参考。

（3）关闭学校的后果

学校的布局需要有一定的科学的规划，否则将会产生十分严重的后果，从国外研究来看，不同的学者提出了关闭学校所产生的影响是有所不同的，具体表现为以下几个方面：

Yeager，R.F.（1979）认为：关闭学校的后果将会影响到关闭学校的学生，他们是关闭学校的最大受害者。特别是在农村关闭学校产生的影响比较大，因为在农村关闭学校后，学生不能很方便在附近找到一个新的学校学习。对于规模比较大，课程设置较为丰富的学校来说，还是具有一定的优势，学校关闭后，一些学生还是愿意选择这样的学校学习。但是需要注意一点的是，一些研究表明，学生的入学率与学生的上学的距离是成反比的，如在英国，一些规模比较小的农村小学合并后，越来越多的家长不愿意让他们的小孩每天早晨到数公里以外的学校就读，而选择正规教育制度之外的家庭教育。

Riseborough（1994）中认为：在学校关闭之前一段时间里，学生的学习生活将会受到一定的影响，如即将关闭的学校得不到应有的教育投资，学校正常的经费开支受到影响；学校即将关闭前会引起议论，校内各种谣传四起，教师不能安心教学，他们会开始考虑自己的出路等。

Bondi，L.（1988）认为：在城市中心关闭学校，将会使得当地社会地位较高者以及较富裕者离开关闭学校所在地，到其他有更好的学校的地方，这将会产生一定的滤过作用，使得城市教育资源更加集中。

Phipps，A.G.和J. Holden（1985）认为：学校对附近地区的服务远远不止教育一项功能，作为学生及家长关注的焦点，学校通常是“宜居”的标志，所以关闭学校将会使居民产生消极的反应。

Timar，T.B.和J.W.Guthrie（1980）认为：关闭当地的学校会使得居民产生一种强烈的不安，认为是该地区的生命周期到了一个特定的阶段或一段时期的结束。

Timar，T.B.和J.W.Guthrie（1980）认为：关闭学校的地方往往是多种族人口聚居和下层人群集中的地方，关闭学校对这些人影响更大。

另外，还有一些学者产生了一些不同的观点，如库班对弗吉尼亚州的阿林顿地区1975—1978年关闭4所小学的现象进行研究，关闭学校并没有产生一些不利的影响，还有一些学者则认为关闭学校会给学校所在的社区带来更多、更好的发展。

（4）学校布局调整的对策

Serge Theunynck（2003）认为，在人口密度小的地方有必要保留小规模学校。塞尔加·塞尼克则指出：为了保障当地学生上学，应在居民居住地选择适当的地点设立学校，特别是在农村地区可以采用多年级同班上课或者只有一个教室的小学也是必要的，但这种情况，需要选择适当的教学方法与教学课程。

Arun C.Mehta认为，需要设立专项的基金，尽量减少学生的负担，如美国则通过设立了公用交通体系，将农村合并学校免费交通体系法制化，在一定程度上实现了农村中小学教育机会平等。

Douglas Lehman（2003）认为，招募与留住教学点的专任教师。美国政府在一些农村地区合并与保留了一些小学校，这些学校教室十分少，往往一人教授多个课程。但由于这些学校比较偏远、待遇比较低、发展机会比较少，特别是由于一些文化、社交、心理封闭的影响，很多优秀的教师不愿意到这样的学校任教。另外，Robert在他的研究中指出：美国政府可以通过设立专项的基金用于招募和留住农村教师。一是用于减免到贫困地区任教的师范生的贷款；二是对在偏远农村学校从事教育教学工作的教师进行物质激励，来保障所在地学生能够享受更多的教育。激励包括提高工资待遇、提供安家补助、发放奖金、免费住房以及减免税收等。

通过以上分析，国外学者已经对布局调整原因、标准、关闭学校的后果以及如何学校布局调整对策等方面进行了研究，并取得了诸多的研究成果，特别对于如何科学和有效地调整学校的布局问题，避免以及降低因撤并学校带来的某些消极影响等方面有了一定研究，为此，我们可以吸取国外的先进经验，如学校布局调整要保障方便学生入学，防止因学校布局调整造成学生辍学；制定一定合理的标准以及进行科学规划；保留现在可执行的“一师一校”与“复式教学”等各种有效的教学组织形式；建立和完善与学校布局调整相配套的各种管理制度等。

2. 国内研究现状

自从20世纪90年代中后期开始，全国各地都开始对学校布局调整进行尝试，同时还有许多的学者对此类问题进行研究，并提出了相应的解决措施。特别是随着学校布局调整问题关注程度逐渐升温，对此类问题研究也获得了很大的研究成果。笔者检索中国知网、维普资讯网相关论文，共有400多篇，现对此进行分类，总结国内学者对学校布局调整研究表现在以下几个方面：

（1）农村中小学布局结构调整的原则研究

张令宜（2001）认为，进行农村中小学布局结构调整应因地制宜，并提出“两宜两不宜” 的标准。撤并后可以减少教学班级的，且中小学生就读没有严重困难者宜于撤并，否则不宜；撤并后虽然难以减少教学班级数，但并入学校不必因此扩建或者虽需扩建，但数年后仍不会出现校舍过剩，且农民有缴纳扩建费的能力者（当然也就是学生有缴纳寄读等费用的能力）宜于撤并，否则不宜。

孙金鑫（2005）认为，要搞好农村撤点并校，应注意以下问题：一是合理选择“合并校”校址，重点考虑农村的中心校以及交通便利、人口稠密地区的农村学校；二是应从农村具体情况出发，尽量利用现有合格校舍以及其他教育资源进行有效地并校，控制学校的规模；三是对于撤点并校所需的合理开支，政府、教育行政部门要给予一定的政策支持，以提高在合并过程中农村学校的积极性。

（2）学校布局与学校规模问题的研究

杜晓俐等（2000）认为，要想设立与建立科学的学校布局，需以义务教育为原则，运用多种办学的方式，结合当地的地理环境与经济环境等因素来调整学校的规模。

申美云、张秀琴（2004）认为，学校规模效益和教育成本优化有着十分密切的关系，适当的学校规模效益可使教育经费的效益达到最大化，且教育规模的发展包括内涵与外延两个方面的发展，前者是指通过新建学校增加教育规模，后者是指通过现有学校挖潜和增加招生人数而扩大教育规模。虽然其分析主要是以城市为对象，但她们的分析对于学校布局还是具有一定的借鉴与指导的意义。

（3）农村中小学布局调整产生的问题及对策研究

王桂臣（2005）认为，农村中小学布局调整存在以下几个问题：一是因为一些人为因素的影响，我国农村中小学关闭与合并的过程中，将会造成国家资产的浪费与流失；二是农村中小学布局调整将会影响到该地区至少3年内的教育政策实施以及教育资源的合理配置；三是农村中小教育布局的调整将会使部分学生辍学；四是增加农民对孩子上学费用的负担；五是造成农村文化阵地的缺失。

周保源（2004）的研究，对农村中小学布局调整提出以下几个对策，一是基础教育以我国政府办学为主，需要建立以政府投入为主的各种投资体制；二是依据经营城市的各种科学理念，运用市场机制的方式，采取银行与学校合作、学校与企业的合作、资源置换或者出让冠名权等多种方式招商引资，建立起各种渠道经费来源的运行体系；三是适当降低中小学教育的收费标准，扩大中小学多种渠道经费来源，逐步构建政府、社会以及个人三方面承担农村中小学教育成本分担机制。

通过以上分析，国内学者对学校布局调整的原因、布局规模、对策等方面进行研究，并取得了一定的成果，也提出了诸多有价值的研究建议。但国内研究还是存在着很多的不足，主要表现在以下几个方面：一是研究设计的不合理，我国对学校布局调整研究较少根据实际需要，对研究假设、研究内容、抽样以及研究过程等方面设计也比较少；二是研究地域的覆盖并不全面，多数的研究都是以个案进行研究，且多数研究集中在中西部省份，目前尚无对广东等东部沿海经济发达省份的研究；三是实地调查得不够深入，多数研究都是采用一些定性研究方法，如访谈法、观察法以及案例分析，缺乏采用科学的调查问卷对省、市、县进行实地考察性收集材料与研究。

总之，国内学者已经对学校调整研究有了大量的研究成果，但多是关于中西部地区农村中小学布局调整的，而对于广东等经济发达省份的落后地区农村中小学布局调整则尚无人进行研究。为此，本论文应结合国内外共同的研究成果，试图从梅州实地考察来出发，对梅州农村中小学布局进行研究，分析与提出研究结论，为农村中小学布局调整提出理论与实践性基础。

（四）研究内容和方法

1. 研究内容

本论文研究内容包括六个部分：

第一部分导论。主要是介绍本论文选题的研究背景以及研究意义，在回顾与总结国内外学校布局调整研究的现状基础上，确定本论文的研究内容和思路，再对相关研究文献进行一定综述，为以下论文的研究工作打下基础。

第二部分农村中小学布局调整的理论分析。主要介绍了教育资源配置、教育公平、教育效率和效益以及学校布局调整的内涵等相关理论。

第三部分广东梅州农村中小学教育布局调整及存在问题。结合梅州市对农村中小学布局状况分析，研究广东梅州农村中小学教育布局调整目标、布局调整的步骤、调整效果以及布局调整中的问题与原因分析。

第四部分提出完善广东梅州农村中小学布局调整的对策与保障措施。基于以上分析，进一步提出改进与完善梅州农村中小学校布局调整的原则、对策以及实施保障措施。

第五部分结论与讨论。对本论文进行总结，并提出进一步的研究方向。

2. 研究方法

本文研究方法主要采用理论分析与案例研究相结合的经济学研究方法。基于相关理论基础，通过实地调研和查阅相关的文献，结合广东梅州实际情况，设计问卷调查获得第一手资料，进一步解析当前广东梅州农村中小学布局调整现状、目标、步骤、效果以及存在问题和原因，尝试寻找广东梅州完善农村中小学布局调整的对策与保障措施，以促进广东省梅州农村中小学布局调整的良性发展，提高农村中小学教育发展水平。本次研究到梅县三个镇中心小学发放调查问卷250份，收回有效问卷239份。

（五）研究框架

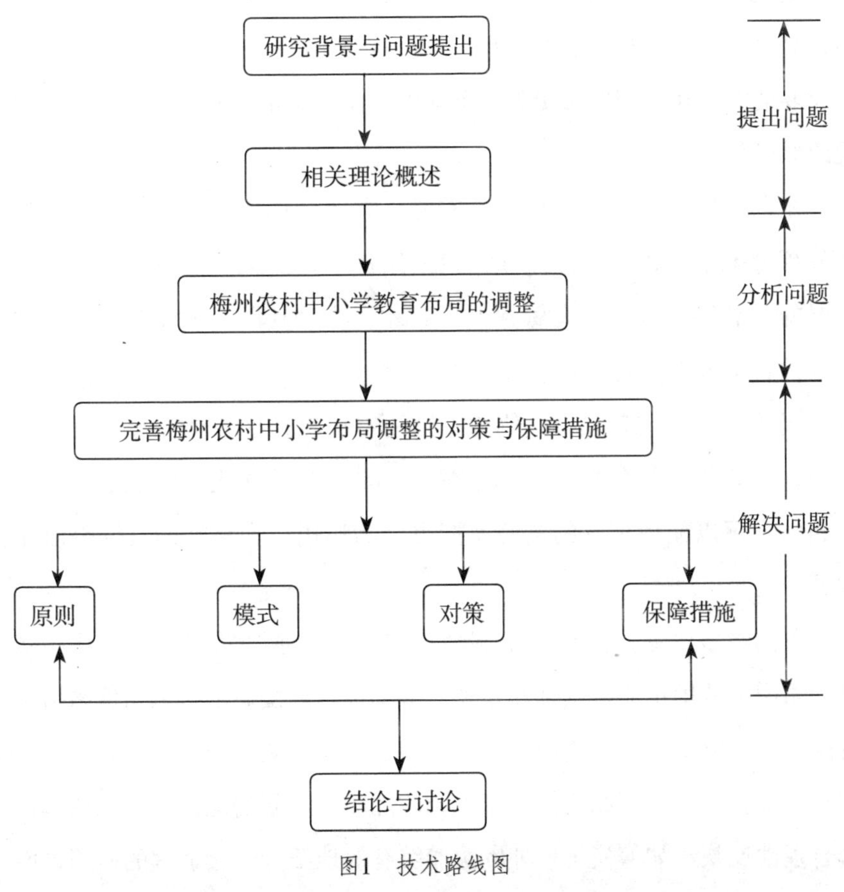

图1　技术路线图

二、农村中小学布局调整的理论分析

（一）教育资源配置理论

1. 资源配置含义和内容

资源配置就是相对稀缺的资源在各种可能的生产用途之间做出选择，或是各种资源在不同使用方向上的分配以获得最佳效率的过程。主要是基于资源稀缺性的存在而产生的一种调节手段。资源配置以一定的历史条件下产生的特定方式来配置社会资源的使用方向和数量，以使供给最大限度地符合社会需要。按一定比例分配社会总劳动既是社会化生产的客观要求，又是人类社会经济发展的共有的一般规律。正如马克思所说，“这种按一定比例分配社会劳动的必要性，决不能被社会生产的一定形式所取消，而可能改变的只是它的表现形式，这是不言而喻的。自然规律是根本不能取消的。在不同的历史条件下能够发生变化的，只是这些规律借以实现的形式”。

在资源供给有限的条件下，需要研究的是如何有效地把经济中的各种资源分配于各种不同的用途，以使用这些资源生产出更多的为社会所需要的产品和劳务。只有做到人尽其才，物尽其用，才能被认为做到了资源的合理配置。如果社会上人力、物力、财力有被闲置而未能得到充分利用的部分，或者人力、物力、财力有被浪费而未能充分发挥作用的部分，这些都是资源配置方面存在的问题。资源优化配置就是使资源配置趋向合理以便使现有的资源发挥更大的作用，让潜在的资源得以充分发掘。

我国经济学家厉以宁从中国经济非均衡的独特状态出发，从经济体制的角度，从微观经济基础和宏观经济调控相互协调衔接的角度来研究资源配置。厉以宁认为，资源配置方式包含宏观和微观两个层次。宏观层次的资源配置是指资源如何分配于不同的部门、不同的地区、不同的单位，其合理性反映于如何使每一种资源能够有效地配置于最适宜的使用方面。

微观层次的资源配置是指在资源配置为既定的条件下，一个单位、一个部门、一个地区如何组织并利用这些资源，其合理性反映于如何有效地利用它们以达到最大的符合社会需求的产出。新经济体制的正常运作离不开政府调节和市场调节的有机结合，离不开宏观经济和微观经济的协调。他的基本观点是，对于经济运行（包括资源配置）来说，在运行目标上，宏观目标优于微观目标，而在运行机制上，市场调节优于政府调节。政府干预经济的目标是要从资源配置的宏观经济视角来考虑资源投入的社会边际收益，而政府干预经济的手段或方式是尽力通过市场机制来影响微观经济单位的决策，通过微观经济单位的资源投入调整和资源转移来达成资源配置的优化。

2. 资源配置含义和内容

教育资源配置是指在教育资源数量一定的情况下，如何将有限的人力、物力以及财力等在教育系统内部各组成部分或者在不同子系统间进行有效的分配，以期将投入教育的资源可以取得良好的效果，需要符合社会对教育的需要，以求得教育的持续、协调、快速以及健康发展。

教育资源配置包括社会总资源对教育有效的配置，教育资源在不同类型的教育之间、学校之间以及各地区教育之间的配置。除此之外，教育资源配置还包括硬件资源和软件资源。硬件资源包括校舍、仪器设备、图书资料、教育投入等；软件资源包括教师及学校内部管理等。本文将从硬件资源和软件资源两方面着重对梅州农村基础教育区域、城乡、校际间的教育资源配置均衡问题进行研究。

教育资源配置所要解决的问题是如何从有限的社会总资源中取得一定数量的教育资源，以及以怎样的方式在教育系统内部各组成部分或在不同子系统之间进行分配。具体而言，教育资源配置主要涉及如下一些问题：谁配置教育资源——即教育资源配置的主体，也可以说是拥有教育资源配置权的集团或个人，包括国家、企业、个人等。为了获取更多更优质的教育资源，不同主体之间不断进行利益博弈。教育资源配置格局的形成就是这些利益集团之间博弈的结果。

教育资源配置给谁——即教育资源配置的对象。不同地区、不同群体、不同学校、不同学生是进行教育资源配置的主要对象。按什么标准和原则进行配置——在具体的教育资源配置过程中，必然有一定的价值导向规约着教育资源配置的方向和目标。不同的价值导向将产生不同的制度设计，不同的制度设计将导致不同的教育资源配置格局。效率和公平始终是教育资源配置的两个基本价值坐标，如何看待和处理二者的关系是教育资源配置研究的一个重要课题。

3. 教育资源配置目标

教育资源配置的目标有：一是满足社会对教育的需要，促进教育事业的发展；二是促进教育规模、效益、结构以及质量等方面的共同协调发展；三是合理利用各种教育资源，尽量减少资源浪费，提高效率。

（二）教育公平理论

1. 教育公平定义

教育公平属于社会公平的一个子系统。教育公平的实现要受社会政治、经济、文化、人口等外部因素发展的制约。真正的教育公平必须在正视个体差异性的同时，放弃对平均主义的追求，允许非基本教育权利、非公共教育资源方面的不公平存在，主张人人都受教育，人人都受适合自己的教育。追求绝对意义上的教育公平是不现实的。教育公平随着时代的不断发展、社会文明的不断进步而有所变化，它同时又是一个历史的、动态的、区域的概念，不同时期、不同地区内教育公平的范畴也不同。

为此，教育公平指的是受教育人员所需要享有平等的权利。只有受教育人员享受到平等受教育的权利，他们在以后的生活中才能享受平等的教育机会，保证公平的竞争。所谓的教育公平是指国民在教育活动中的地位平等，在享受公共教育资源时受到公正和平等的对待，并公平地占有教育资源，它包括教育机会公平、教育过程公平和教育质量公平，只有做到了上述公平，才能有教育结果的公平。其实质是人们对教育领域人与人之间利益分配的评价，是反映教育质量的范畴。教育公平的概念具有主观性、相对性和历史性，其主要内容包括：教育起点上的公平、教育过程中的公平和教育结果的公平。

2. 教育公平的特征

教育公平所具有的基本特征有以下几个方面：一是教育公平具有历史性，公平并非现代才有，任何一个时代都存在，且他们不是永恒的，而是具体的，时刻变化的。另外，教育公平的历史性是指教育公平是依照一定的历史条件而存在的，随着历史条件的改变，教育也会发生相应的变化，教育公平是相对于社会生产力发展水平而言的。在封建社会，教育是与一定的社会等级相联系的，要受到金钱和权力等因素的制约。二是教育公平具有客观性，教育的公平状况具有一种不依人的主观意志为转移的性质。三是教育公平具有相对性，任何公平都是相对的，绝对的公平是不存在的。教育公平相对性的含义是教育公平相对于某特定的教育法则和评价标准而言的，脱离了这一特定的教育法则和评价标准，教育公平是一个无意义的存在，这就是亚里士多德所说的“平等地对待平等的，不平等地对待不平等的”。四是教育公平具有理想性，对教育公平的追求不但是人类超越性的体现，还是历史不断发展的动力，追求理想的向往。五是教育公平具有主观性，教育公平是人的一种主观判断，因此具有主观性。其主观性主要表现为教育公平感，即对教育公平问题进行评价时所产生的一种心理感受。如果客观存在的教育公平事实与主观的心理预期完全吻合，人们就会产生公平感；不完全吻合，则会产生不公平感。

（三）教育效率和效益理论

教育效率与效益是指对国家与社会的教育投入、资源进行配置，对国家经济以及社会发展起到的贡献的多少。

现阶段对教育效率和效益的理解包括两种含义：一是教育资源的有效利用程度；二是教育资源的投入与产出比，提供教育机会越多、培养的优秀的人才越多，则教育效率也就越高。教育的配置效率也就是教育资源的配置效率，指各种教育资源的各种用途进行配置后所形成的各级各类教育与社会对各级各类教育需求之间的均衡关系。通常所说的教育配置效率是指教育资源配置的内部效率，即教育资源在各级各类教育之间的分配效率以及教育资源在各区域之间的分配效率。

具体来说，从宏观的角度来看，教育效率的高产出则说明学校培养了一定数量和质量人才；从微观的角度来看，教育效率的提高则说明个体可以通过接受各种教育获得各种能力，不断改善生活质量，丰富个人精神与物质财富的增长。另外，在教育领域，存在着两个层次的教育效率。一是办学效率，指学校教育投入与教育产出的比例关系；二是教育资源配置效率，是指资源投入到教育领域的节约和浪费程度，具体地说是指教育资源在各级各类学校之间配置，使得各级各类教育与社会需求保持均衡。办学效率与教育资源配置效率之间既区别又联系。一般来说，办学效率高，教育资源配置效率也提高，但是如果某种教育服务已经供过于求，追加投入，办学效率越高，资源浪费越严重，教育资源配置效率反而降低。办学效率关注的是局部教育投资效益，而教育资源配置效率关注的是整体教育投资效益。从一般含义上讲，教育效率原则与经济领域中的效率原则没有二致。这是现代教育经济学研究的前提。但教育经济学所能计算的是教育投入中的经济效益，对其他教育价值都是忽略不计的。这种对教育效率的解释又是不全面的。

中小学布局调整就是为了把有限的、最优质的教育资源集中到好的学校里，让更多的孩子都能够享受到优质的教育资源，更好地提高这些学校的办学效益和办学效率，教育效益和效率是中小学布局调整中教育资源合理配置的内在依据。

三、广东梅州农村中小学教育布局调整及存在问题

梅州市农村中小学布局调整，以科学发展观为指导，以办人民满意的

教育为宗旨，以优化教育资源配置、促进教育均衡发展、提高办学效益和教育质量为目标，以创建教育强市为契机，以创建标准化、规范化寄宿制学校为途径，科学规划，优化教育资源，改善办学条件，促进全市基础教育又好又快发展。

（一）梅州社会经济及教育发展状况

梅州市位于广东省东北部，地理位置坐标为北纬23° 23′ —24° 56′，东经115° 18′ —116° 56′。地处闽、粤、赣三省交界处，东北部连福建省的武平县、上杭县、永定县、平和县，西部和西北部接江西省的寻乌县、会昌县和本省河源市的龙川县、紫金县、东源县，东南部邻揭阳市的揭东县、揭西县、潮州市湘桥区、汕尾市的陆河县、潮州市饶平县。辖梅江区、梅县、平远县、蕉岭县、大埔县、丰顺县、五华县6县、1区，并代管兴宁市，总面积15876.06平方公里。市政府设在梅江区江南新中路。

2008年，梅州市坚持“不骄不躁”的理念，坚持从“四个梅州”到“绿色崛起”的思路，坚持扎实推进建厂、办学、治水、修路、种树、惠民、用贤七件重点工作，努力克服国际金融危机带来的各种困难，抢机遇、抓经济、促发展，实现了“经济发展好中求快，民生状况持续改善”的年度目标。国民经济和社会发展取得重大成就，城乡居民生活水平不断提高，精神文明和民主法治建设得到加强，各项事业亮点纷呈。2008年，全市生产总值477.88亿元，是1979年的54.9倍，人均生产总值首次突破万元，达到1.16万元，是全省人均水平增长和总量水平增长最接近的一个市。经济结构调整取得新进展，三个产业构成为21.9：42.5：35.6，第一产业、第二产业比重下降，第三产业比重上升。

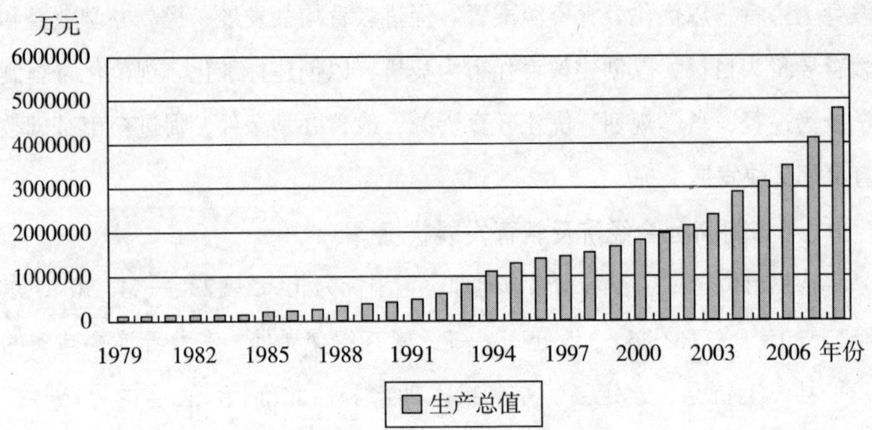

图2 1979年以来梅州市生产总值变化图

资料来源：《梅州统计年鉴》，2009年，第74页。

历届梅州市政府非常重视教育，财政对教育的投入逐年增加。梅州市财政性教育经费占生产总值的比例逐年提高。2006年、2007年、2008年生产总值分别是3461867万元、4106945万元、4778840万元；财政性教育经费分别是175577.1万元、226059万元、284147万元；分别占生产总值：5.07%、5.5%、5.95%，实现了逐年提高。（见表1）

表1 梅州市生产总值与财政性教育经费

年份	生产总值（万元）	教育经费（万元）	教育经费占生产总值（%）
2006	3461867	175577.1	5.07
2007	4106945	226059	5.5
2008	4778840	284147	5.95

资料来源：《梅州市党政领导干部基础教育工作责任考核自评说明（副市长）》，2009年，第4页。

梅州市建立和完善了基础教育投入稳定增长的长效机制，把教育发展经费纳入市财政预算。预算内教育经费占财政支出的比例在预算决算中逐年提高。梅州2006年、2007年、2008年预算内教育经费分别是151220.1万元、192814万元、226886万元；财政总支出数分别是592036万元、720855万元、813684万元，预算内教育经费占财政总支出数分别是25.54%、26.75%、27.88%，实现逐年提高。（见表2）

表2　梅州市地方财政一般预算支出与教育支出

年份	一般预算财政支出（万元）	预算内教育经费（万元）	教育占财政支出（%）
2006	592036	151220.1	25.54
2007	720855	192814	26.75
2008	813684	226886	27.88

资料来源：《梅州市党政领导干部基础教育工作责任考核自评说明（副市长）》，2009年，第4页。

梅州是客家人聚集地区，与江西福建及河源等地客家人聚居地区具有基本相似的教育特点。

为了提高办学质量、改善教育环境，使全市教育管理工作更加科学化、规范化，各级政府重新调整了学校布局，取消了条件差的中小学，合并新设了一些完全小学。到2003年，全市共有小学2101所、普通完全中学50所、高级中学20所、职业中专学校57所、普通初中学校216所、特殊教育学校5所，在校学生人数达1019443人。全市还有282所幼儿园。2003年，布局调整前，梅州市学校布局表见表3。

表3　2003年梅州市教育基本情况表

	小学	普通初中	普通（完）高中	中职学校	幼儿教育	特殊教育
学校数（所）	2101	216	70	57	282	5
学生数（人）	545772	279855	73943	25168	93541	1164
教职工数（人）	26391	22355	2457	2536	57	—

续表

	小学	普通初中	普通（完）高中	中职学校	幼儿教育	特殊教育
专职教师（人）	23291	14307	4626	1675	1802	50

资料来源：《梅州市2009/2010学年教育事业统计简报》，2009年12月，第5、11、13、15页。

中小学布局调整后，2009年，梅州市现有中小学2231所，其中：小学1546所，初级中学186所，完全中学46所，高级中学22所，中等职业教育学校39所，另有幼儿园388所，特殊教育学校4所。（见表4）在校中小学生总计869375人，其中小学生347443人，普通初中生266363人，普通高（完）中生114898人，中职学生49201人，幼儿学生91008人，特殊学校学生462人。2009学年高中阶段中职在校生数增加，反映了市政府越来越重视中等职业教育，不断扩大规模；小学阶段在校生数减少，反映小学阶段教育规模在缩小，小学阶段在校生减少42071人，减少幅度10.80%，要求调整学校布局、合理配置教育资源。

表4　2009学年梅州市教育基本情况表

	小学	普通初中	普通高（完）中	中职学校	幼儿教育	特殊教育
学校数（所）	1546	186	68	39	388	4
学生数（人）	347443	266363	114898	49201	91008	462
教职工数（人）	22248	25495	2800	3645	66	—
专职教师（人）	20736	14823	7904	2116	2546	5

资料来源：《梅州市2009/2010学年教育事业统计简报》，2009年12月，第5、11、13、15页。

2006年，梅州采取各种有效措施巩固提高“普九”水平，辍学率进一步下降，小学辍学率为0.0016%，初中辍学率为0.98%。梅州农村的小学五年保留率保持100%，初中三年保留率94.82%。小学升学率103.31%；初中升学率67.84%。同时2006年按照“实事求是，因地制宜，统筹规划，分步实施”的原则，在认真调查研究后，及时修改完善中小学布局调整规划。2006年，梅州农村中小学教育方面共有省确认布局调整学校47所，其中中学29所，小学18所。梅州农村按照专款专用的原则，加强项目和资金管理，广泛筹措配套资金，全力加快项目学校的建设进度。梅州农村中小学布局调整已投入中资金43458.6万元，撤销中学27所，小学318所；合并中学2所，小学168所；扩建中学91所，小学114所；新建中学4所，小学30所。调整后，涉及调整中小学校均学生数、校均服务人口大幅提升，师生比例更趋合理，初步实现合理配置教育资源，扩大学校规模，提高办学效益的目的。另外，又随着梅州农村的中小学教育，经过几年来的布局调整，到2009年底，梅州农村的中小学共有142所中学、1147所小学，中学招生人数为62817人，小学招生人数为36282人，中学学龄儿童入学率达到99.97%、中学升学率80.56%、小学学龄儿童入学率达到100%（见表5），且梅州中小学平均每班人数为55人左右。同时，2009年由于梅州农村中小学布局调整，学校进行了规模整合，其中初中减少10所；小学减少19所，中等职业学校减少1所，实现了广东梅州农村中小学教育的资源配置与教育公平效果的提升。

表5　梅州市中小学入学率及升学率（%）

年份	小学			初中			高中		
	学龄儿童入学率	毛入学率	升学率	学龄儿童入学率	毛入学率	升学率	普通高中毛入学率	高中阶段毛入学率	升学率
2003	99.93	100.31	100.00	98.36	101.24	61.50	32.47	37.27	86.06
2004	99.89	100.24	101.21	97.61	99.79	63.76	33.58	51.03	86.11

续表

年份	小学			初中			高中		
	学龄儿童入学率	毛入学率	升学率	学龄儿童入学率	毛入学率	升学率	普通高中毛入学率	高中阶段毛入学率	升学率
2005	99.98	100.21	101.1	98.84	100.80	67.13	34.46	54.17	85.16
2006	99.97	100.42	103.31	99.16	100.62	67.84	39.46	56.45	80.29
2007	100.00	101.59	102.90	99.87	101.64	70.84	40.34	59.90	78.94
2008	100.00	101.31	102.75	99.89	102.12	77.79	42.71	65.02	71.63
2009	100.00	101.21	102.87	99.97	101.45	80.56	43.69	76.20	74.80

资料来源：《梅州市2009/2010学年教育事业统计简报》，2009年12月，第17页。

注：小学毕业生升学率大于100%，是实行农村义务教育免学杂费政策后，部分原在外地读书的学生回乡就读，造成初中招生数大于小学毕业生数。

（二）梅州市农村中小学布局调整依据及步骤

1. 梅州市农村中小学布局调整依据

农村中小学布局调整，是一项牵涉面广、政策性强、与人民群众切身利益息息相关的工作。从2006年开始就对梅州农村中小学进行了教育资源的较大规模的整合，具体来说，影响梅州每次中小学布局调整的因素有以下几个方面：

（1）中心地学说以人口门槛为依据

随着中心地学说的出现与发展，农村的中小学布局可以依据市场最优原则、交通最优原则以及门槛人口、服务范围等内容进行调整。从效益的角度出发，农村的中小学发展需要一定的规模，就需要相应的门槛人口数量。另外，依据服务范围来看，梅州农村中小学教育服务对象的上限是教育服务的最大边际，若是超过一定范围则会增加成本，失去中小学的吸引力，同时中小学的布局调整也受到服务半径的影响。具体来说，中心地学说的三原则（市场最优原则、交通最优原则、行政最优原则）、服务范围、门槛等多个方面因素都为中小学布局调整提供了理论支持与依据，一是中心地学说为农村中小学布局提供的区域数量与规模的发展依据，也为布局重新分片确定学校的数量、规模与分布提供了基础；二是“三原则”，其主要是确定了为学校服务的原则性内容，为周围地区提供相关的教育服务范围，如距离、便利性以及位置，从而促使市场与交通原则的应用；三是门槛人口的要求，则是指出办学需要一个最低的区域人口数量，这样办学才会有一定的效益，否则教育就无法进行下去；四是随着广东梅州农村人口出生率逐渐下降，农村的人口也不断向城市转移，梅州农村的人口进一步减少，促使中小学的服务半径需要不断加大。

梅州2006年的《关于中小学布局调整的意见》提出，随着梅州基础教育的发展与变革，需要对梅州农村中小学布局进行调整，促进教育适当的发展。并且依据学生就近上学的原则，提出了通过调整学校布局的方法，来实现中小学的规模以及服务范围，到2009年为止，现阶段梅州已基本完成了中小学布局调整工作，实现了农村小学施教服务人口1万人，中学施教服务人口3万人，原则上每个乡镇只办1所初中，人口较多的乡镇初中减少到2所。

具体来说，梅州农村中小学布局调整要做到以下几点：一方面，尽可能地扩大农村小学的办学规模，完善办学的具体的教学设施，提高学校的师生比例，发挥小学的辐射作用。截止到2009年底为止，梅州农村中心位置的小学实现25个班级以上规模，每班为45—55人；山区实现小学学生在300人以上的办学规模，并不断地向以上规模指标来发展；特别偏僻的地区人口较少的村，保留教学点不再独立建制，归属于各地农村的中心小学或者邻近中小学的统一性管理模式。

另一方面，对农村的中学布局进行调整，原则上在梅州农村每个镇办一个中学，对于农村人口数量较少的乡镇实行九年义务教育一贯制学校（如大埔县青溪镇将青溪中学与青溪镇中心小学合并成立九年一贯制的青溪镇实验学校），并逐步撤销与合并那些规模较小、教育水平低与效益差的村小，从而使得调整后的农村小学实现14个以上班数、班额40—45人的规模，山区的中学至少每年级要有两个班，学校规模不得少于200人。而对于学额难以满足需求的偏远农村地区，要采取一定有效措施来不断地扩大梅州农村学校办学规模。

（2）梅州农村中小学的学校规模

学校的规模是指学校所占有的场地、学生数量、教师规模以及教室所占的面积等多个方面，其中学校的人数是影响学校规模最为重要的因素之一，为此，在研究学校规模的时候，可以应用经济学的规模经济理论，并可以依据经济学的规模经济的内容来说明农村教育投入的内容与方法，如应用学生的成本、教育效率来反映教育资源的效率，即教育规模带来一定的教育收益，而教育规模扩大促使成本的下降，形成教育规模经济。对于实现教育规模经济需要满足以下条件，如资源利用的充分性、适度性以及规模扩大的有限性。但是需要注意的是不同国家与区域对于学校规定是不同的。梅州农村在《关于中小学布局调整的意见》中要求，梅州农村中学为14个班以上，每班学生名额近期为40人，远期为45人；小学为24个班左右，班级人数额在45人以上。但在其他国家的教育发展来看，特别是发达国家教育经济规模在20—30人/班。并规定了梅州农村小学为600—900人，中学为400—500人，梅州农村小学服务人口在1万—1.5万人，中学服务人口在8000—10000人。

另外，随着梅州农村人口出生率逐渐地下降，人口数量减少，对于实现小班教学给予推进。据心理学家实验证明，一个人的注意力平均在7个人左右，若是超过这个数量，将会直接影响到学校的教学质量，为此，应严格控制学校班级的规模与数量，提高教师对学生的关照程度。特别是针对梅州农村的教育基本情况，应注意梅州农村中小学校布局要合情合理，即要求考虑到教育水平以及教育内容的情况，确定合理教学布局，保证教学规模、数量不宜过大，实现经济规模效应，促使教育布局、规模以及数量的合理，并实现教学公平化的教育方式，促使教育资源的优化配置。为此，梅州农村中小学的布局调整需要考虑到经济、人口以及教育水平，不应将梅州农村学校的规模弄得太大，从而造成教育资源的浪费；还需要考虑对于那些经济水平低、自然条件差的地区，大力发展与提高学生的入学率；最后是实现梅州农村教育均衡性的发展，并加大对于梅州农村贫困地区教育投入，开设寄宿制学校，解决梅州农村学生上学难的问题。

（3）农村中小学作为梅州社会主义新农村建设重要载体的依据内容

国家《中华人民共和国国民经济与社会发展第十一个五年规划纲要》对建设社会主义新农村提出了一系列的任务，包括：发展现代农业，提高农业综合生产能力；提高农业科技创新和转化能力；优化农业产品结构，发展高产、优质、高效、生态、安全的农产品；加强农村环境保护；加强农业服务体系建设和加强农村基础设施建设等等。完成这些任务，都有待于大面积提高农村劳动力的科学文化素质。新农村经济结构中结构优化、产业升级、技术进步、管理改善等对农村人力资源提出了新挑战，要求现有农村劳动人口成为有文化、懂技术、会经营的新型农民。

然而，由于农村文化教育事业发展的滞后，我国农村劳动力不仅数量大，而且其素质普遍偏低。在全国5800万成人文盲中，约3/4分布在农村。据国家统计局统计，在农村劳动力中，初中及以下文化程度的占87.8%，高中及中专文化程度的占11.7%，大专以上文化程度的只占0.52%。农村中多数农民还没有达到初级科学技术水平，受过专业技能训练的仅占9.1%；另据中国科学技术协会所做的2001年和2003年两次全国公众科学素养调查结果，农村劳动者的科学素质在各产业群体中水平最低。

此外，向城镇转移的大量农村劳动力，既没有打工所必需的一技之长，也缺少保护自己的法律知识和城市生活常识，不适应就业和城市生活的要求，这就导致出现一方面用工单位招不到人，而另一方面大批进城农民工又找不到合适工作的现象。要实现农村人口转移，一方面要创造足够的劳动密集型城镇就业机会，另一方面，转移出来的农村人口必须具备足够的劳动力素质，来适应城镇就业的工作要求。

因此发展农村教育，培养新型农民，是提升农业劳动者的科学文化素质、劳动技能和经营能力，将农村人口负担转换并快速积聚为农村经济发展的人力资本的需要，是加快农村城镇化，转移农村劳动力的需要。全面提高农村人口素质，培养新型农民既是建设社会主义新农村的关键，也是新农村教育特别是义务教育的主要任务。

加快发展农村教育，就需要加大对梅州农村教育资源的优化配置，加大对农村中小学的布局调整力度，实现教育因素对梅州社会主义新农村建设的一个影响因素。由此可见，梅州农村中小学校布局调整需要充分考虑到农村文化的特点，依据梅州农村自己独特的情况，加大梅州农村中小学布局调整力度。具体来说，其包括以下几个方面的内容，如：

一方面，梅州农村中小学布局调整需要考虑到文化的影响，其文化的影响就是针对农村文化的影响。从古到今，农村的学校不但是向学生以及农民提供知识与教育的重要渠道与来源，还是农村文化传播的重要途径，这使得农村的中小学校对农村文化的发展以及农民的素质提高都具有十分重要的作用，而且往往也将这些文化约定俗成“法定文化”。据研究表明：农村地区出现局部封建现象，则是农村文化变迁中的逆趋势。在农村文化逆趋势的背后，与农村中小学的不合理布局调整不无关系。由于不合理地撤销一些中小学校，使得农民获得科学文化知识的渠道中断，又加上农民本身文化程度较低，思想封闭，致使了农村各种封建迷信死灰复燃，从而影响他们对新的科学技术与思想理解与接受。为此，在进行农村中小学布局调整中，需要从社会主义新农村建设的角度出发，努力实现农村中小学校的文化影响力，从而不断地减少农村中小学的撤销与合并对其文化的不利影响。

另一方面，现阶段我国各地农民都希望获得高质量的教育资源，因为多数农民受到教育文化（知识改变命运）的影响，希望自己的儿女可以到城市工作与生活，并获得更多的教育机会。但由于我国还处于社会主义初级阶段，使得我国现有教育与社会发展之间存在一定的矛盾，即对优质教育的需求与现有教育资源不足之间的矛盾。特别是，随着我国城市发展快速，国家将更多的教育资源投入到城市中，导致农村的教育发展水平远低于城市教育水平，难以实现农村与城市具有相同的教育水平。目前，我国农村中小学办学资金、硬件的投入、教师水平与队伍等都还是处于一个较低的层次，政府难以实现均衡的教育资源配置。为此，可以通过中小学布局结构调整，合理配置农村教育资源，集中办学，调整和撤销一批生源不足、办学条件差、教育质量低的学校，实现梅州农村范围内或者更大范围内梅州中小学教育的均衡发展就成了政府工作的重点之一，也是政府进行梅州农村中小学布局调整的直接动力。

2. 梅州农村中小学布局调整的步骤

中小学布局调整并非是简单地制订计划，而是从计划的制订到实施的一个漫长过程，梅州农村中小学布局调整同样也经历了一个较长的过程。2006年梅州制定“十一五”教育发展规划时，则根据“围封转移、城镇化”的发展战略，梅州农村结合当地教育发展规划调整步伐，本着不仅要满足梅州农村儿童入学的要求，还要提高教育质量和发展水平。以相对集中、优化资源、提高办学效益为原则，进行了梅州农村中小学布局调整工程，具体来说，梅州农村中小学布局调整共有以下几个实施步骤：

随着梅州农村经济以及社会的发展、便利的交通条件出现以及人民的生活水平的提高、农村人口出生率的下降，加快了梅州农村中小学布局的调整，基本上，其发展步骤可以有以下几个阶段：

（1）初调期（1995—2000）：依据梅州农村现有的教育资源，对梅州农村中小学进行了一系列的教育资源改造，整合了一部分中小学，并从1995年开始则将梅州定为广东省教育厅的一个区域性推进农村教育改革的试点，梅州教育行政部门为提高农村中小学入学率，采取各种相应的措施与方法，开拓各种教育途径与办法，扩充农村中小学的师资队伍，提高他们的教育教学水平，并积极解决梅州农村中小学教育改革存在的各种问题。这个阶段，梅州普通中学增加了9所，小学减少了43所，实现每班平

均人数由1995年41人增加到50人。（见表6）

表6　梅州市1995—2000年普通中学和小学学校数（所）

	1995年	1996年	1997年	1998年	1999年	2000年
普通中学	273	272	272	278	282	282
小学	2297	2292	2299	2290	2275	2254

资料来源：《梅州统计年鉴》，2001年，第249-250页。

（2）整合期（2001—2005）：基于上一阶段的成果，进一步对梅州农村中小学布局结构进行调整，并取得一定的成效，从2001年开始州农村中小学开始实施新课程改革，并开设科学、健康以及艺术、劳动等多个方面的课程，深入实施素质教育，促进学生全面发展，并依据行政区划与梅州农村人口数量，对农村中小学布局进行调整，优化资源配置、提升教育发展水平。2005年底梅州农村中小学有省确认布局调整的学校31所，其中中学18所，小学13所。梅州按照专款专用的原则，加强项目和资金管理，广泛筹措配套资金，全力加快项目学校的建设进度。梅州农村中小学布局调整已投入资金23455.2万元，实现梅州农村小学的学龄儿童入学率为99.93%、毛入学率为100%、升学率为100.00%；初中学龄儿童入学率为98.36%、毛入学率为100%、升学率为61.50%。这一阶段由于布局调整，普通中学减少1所，小学减少294所。（见表7）

表7　梅州市2001—2005年普通中学和小学学校数（所）

	2001年	2002年	2003年	2004年	2005年
普通中学	284	285	286	284	283
小学	2176	2146	2101	1997	1882

资料来源：《梅州统计年鉴》，2008年，第435-436页。

（3）推进期（2006—2009）：根据梅州农村中小学布局调整的内容进一步改进，提升中小学办学效益，采用撤销、合并、新建、改造以及扩建学校等方式，使梅州农村中小学资源配置更加合理、促进农村教育资源有效配置。具体来说，2006年开始对梅州农村的中小学布局进一步进行调整，截止到2009年底，梅州农村的中学共有142所中学、1147所小学，初中招生人数为62817人，小学招生人数为36282人，中学学龄儿童入学率达到99.97%、中学升学率80.56%、小学学龄儿童入学率达到100%，且梅州中小学平均每班人数为55人左右。同时，2009年由于梅州农村中小学布局调整，学校进行了规模整合，其中初中减少11所；小学减少226所，从而实现梅州农村中小学数量达到14个以上班数、班额40—45人的规模，山区的中学至少每年级要有两个班，学校规模不得少于200人（见表8）。而对于学额难以满足要求的梅州农村地区，要采取有效措施来不断地扩大梅州农村的学校办学规模、场地、设施与教师队伍等，如2006年中学师生比为19.55%转变成2009年的17.97%；2006年小学师生比为22.10%转变成2009年的16.76%。

表8　梅州市2006—2009年普通中学和小学学校数（所）

	2006年	2007年	2008年	2009年
普通初中	197	196	194	186
小学	1772	1708	1560	1546

资料来源：《梅州市2009/2010学年教育事业统计简报》，2009年12月，第5页。

从前面的发展情况来看，梅州各级政府立足于梅州教育发展的实际情况，合理制定调整发展规划，科学布局，发挥政府与市场两方面的作用，合理配置教育资源，调整教育机构，加大和提高了办学质量与层次，实现了梅州农村中小学教育可持续发展。从2003年到2009年全市学校数从2731所减少到2231所（见图3），学校规模逐渐扩大，农村教学质量不断提高，布局调整工作初见成效。

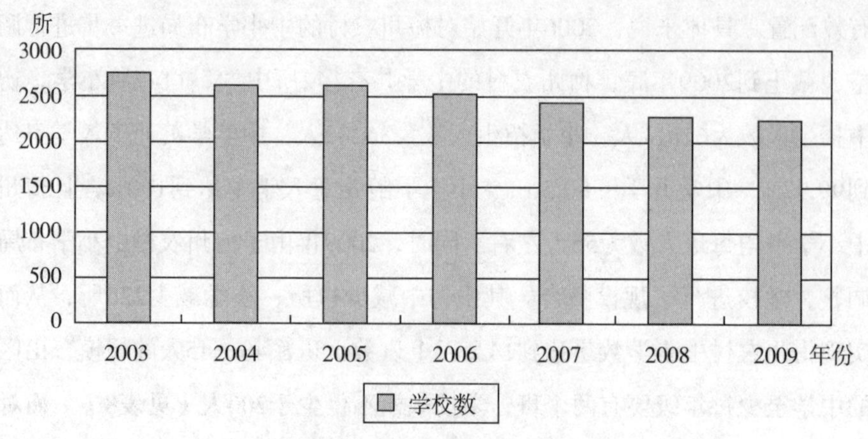

图3 梅州市学校数量变化图

资料来源：根据《梅州市2009/2010学年教育事业统计简报》，2009年12月，第5页数据绘制。

（三）梅州农村中小学布局调整内容及绩效

1. 梅州农村中小学布局调整内容

梅州实施农村中小学布局调整，主要采取以下几个方面的方法：

（1）加强农村学校布局调整的组织领导，做好布局调整规划。实际上，梅州农村的中小学布局调整覆盖面广、工作难度较大，为此，梅州各县（市、区）成立了以县长（市长、区长）为组长，以县委县政府、乡镇政府、人大共同组建成农村中小学布局调整领导小组，各乡镇也相应成立了梅州各乡镇布局调整领导小组，并制定小组的领导人与责任人，层层签订责任状，为梅州农村中小学布局调整做好组织保证措施。另外，各县（市、区）主管教育的领导牵头，对梅州农村的中小学布局进行调查分析，如学校的数量、规模、生源情况、学生离学校的距离以及人口出生率等方面，在此基础上，梅州各级政府做出有关农村中小学布局调整规划，为农村中小学布局调整打好基础。

（2）现场办公，注重布局调整规划。各县（市、区）农村中小学布局调整领导小组分成若干工作小组，各工作小组到各个乡镇现场办公，仔细听取各乡镇的教育工作报告，考察各地的基本情况，检查本年度的中小学布局调整工作，并制订下一年度的中小布局调整计划。在实地考察梅州农村中小学布局情况的时候，各小组深入调查与了解布局状况，认真听取各学校师生、乡村干部和农村群众等多方面意见，权衡各方面利弊进行，依据梅州教育发展对梅州农村中小学布局调整提出的要求，制定各乡镇中小学布局调整规划、实施步骤，督查各建设项目以及资金使用情况，有效地防止了梅州农村教育资源浪费，提高资金利用效率。

（3）加大中小学布局调整的经费投入，灵活应用学校教育资源。资金投入是保障梅州农村中小学布局调整有效实施一个十分关键的因素。为此，梅州市每年确保梅州农村中小学资金的投入，其投入比例应高于市财政收入增长率的10%。一是将每年的地区财政收入20%用于教育，并加大政府资金对梅州农村中小学布局调整的支持；二是综合利用闲置学校的资产，特别是对那些撤销与合并的学校的各种资产，如桌子、图书、教学楼等资源，通过出售、转让以及出租等方面再次利用学校的资源；三是积极引进区域以外的资源，采取一些办学措施来实现学校的改进，改变中小学的布局，如民办公助、联合办学以及名校办学等；四是增加对梅州农村中小学布局调整的投入，每年政府投入不少于200万元，专门用于梅州农村中小学布局调整。

（4）加大对梅州农村中小学布局调整的宣传力度，实施因地制宜的布局调整方法。梅州各级政府在农村中小学布局调整的过程中，派出工作小组到各个乡村进行宣传，并在宣传过程中核算出效益、质量以及人口等多个方面的内容，让乡镇中的人民了解到撤销与合并学校的必要性。并耐心向村民解释学校调整的必要性及对农村教育的好处，避免一些不必要的冲突，使他们理解支持中小学布局调整工作。同时，为了确保梅州农村中小学布局调整有效实施，梅州政府做出以下几个方面措施：一是在中小学布局调整之前，对需要调整的中小学校进行充分的调查，了解各学校的办学方式、办学情况、师资比例等，并进一步考虑到人口密度、地理环境以及交通等情况，积极与科学地听取广大群众的意见。二是针对以上的调查，对于符合撤销的则采用撤销的方式；符合合并的则采用合并方式。特别是对于那些数量不多，不适合撤销的偏远乡村小学改成教学点，根据每年招生情况，逐年改变招生的策略，如采用隔年招生。三是把被撤并学校的学生转到附近的学校就读。四是对属于危房的中小学则安排撤销与合并，而对于相邻的两个危房学校，调整时考虑一起撤销并重新选择两村中间建设新的学校，缩短双方学生求学的距离。五是采取循序渐进、分别对待的方式来对梅州农村中小学布局调整，避免因布局调整造成学校的服务半径过大导致学生辍学，坚决避免激化群众矛盾。

2. 梅州农村中小学教育布局调整绩效

梅州各级政府从1995年起开始对农村中小学布局进行调整，并取得了一定的成绩，具体如下：

（1）优化了资源配置

近年来，由于计划生育政策有效实施和我国城市化进程加快，农村人口逐年下降，农村中小学生源下降，一些条件差的农村学校濒于消亡，校舍被闲置。这就使布局调整有了可能，并成为必要。随着那些布局不合理、生源少、面积小的学校被撤并的同时，另一些学校则扩大规模、提供了更大的教育教学空间。布局调整后，梅州各农村学校无论是校园占地面积还是设备配置与教学条件，均比调整前有了明显提高。通过调整，以现有的优质教育资源为基础，采取强弱联合、撤并、置换等措施，最大地扩充优质教育资源，农村学校规模得以扩大，教育教学质量逐步提高。

（2）师资结构不断地优化

通过梅州农村中小学布局调整，师资水平不断提高与优化。主要体现在以下几个方面：一是促进了梅州农村中小学专业师资队伍的建设以及素质的提高，近十多年农村中小学布局的调整，促使中小学集中布局，并将学校转向到中心学校地区，改变了原有的一个教师教几门课程、几个班级的状况；二是代课教师大大减少，农村中小学教师的学历与职称不断地提高，如2009年梅州农村的小学教师高中以上学历为99.44%，大专毕业以上学历为74.59%，中级职称以上为71.39%。普通初中教师，大专毕业以上为98.50%、本科毕业及以上为52.66%，中级职称及以上为53.76，参见表9。

表9 梅州市中小学专任教师学历、职称比重（%）

		2003年	2004年	2005年	2006年	2007年	2008年	2009年
小学	高中毕业及以上	99.08	98.95	99.36	99.41	99.40	99.40	99.44
	大专毕业及以上	47.89	58.46	64.04	67.45	69.91	71.74	74.59
	中级职称以上	33.97	38.30	52.23	57.86	60.81	67.44	71.39
普通初中	大专毕业以上	92.72	94.26	95.45	96.62	97.00	97.89	98.50
	本科毕业及以上	8.35	13.11	19.50	23.37	33.94	43.63	52.66
	中级职称及以上	27.20	28.41	36.80	40.63	44.13	50.37	53.76
普通高中	本科毕业及以上	51.38	56.50	65.63	72.91	78.47	83.87	88.06
	中级职称及以上	49.22	46.53	50.03	52.51	53.96	57.88	60.68
中职教育	本科毕业及以上	46.27	54.24	61.02	63.92	66.09	70.56	73.96
	中级职称及以上	58.33	58.27	56.02	58.19	61.98	62.74	63.14

资料来源：《梅州市2009/2010学年教育事业统计简报》，2009年12月，第23页。

（3）学生管理更加规范

农村中小学教学点的不断减少，改变了以往的一个教师教多个班级的教学方式，促使了班级的工作人员减少，即一般情况下多数的梅州农村中小学校为40—50人/班，问卷调查中有35.17%的人认为调整后学生的管理比以前更加容易，更加有利于教师与学生之间的对话与管理。

（4）办学效益得到提高

随着办学的规模扩大与效益的提高、师资队伍的不断完善以及合理与优化的管理方式，使得梅州农村中小学的办学效益不断地提升，如2009年梅州各个乡镇的九年义务教育完成率为89.58%—92.41%，且梅州农村小学100.00%，初中达99.70%。问卷调查中，有22.97%的人认为，实施布局调整的教学质量比以前明显提高，有40.85%的人认为有所提高。

（5）促进了农村中小学教育资源的均衡发展

教育均衡则是在教育机构与群体之间实现资源的均衡，并可以将各个区域的各种中小学的教育资源均匀分配，促使农村中小学教育资源需求与供应的合理配置，落实教育与资源的合理分配与应用。基础教育均衡发展共四个过程：低级、初级、高级以及高水平的均衡阶段。特别是使得农村中小学的教育已从原有普及九年义务教育向普及高中阶段教育方向发展，从让农村的儿童能够上学转向到提高教育资源的合理配置，并获得优质的教育权利与资源的合理均匀配置，让更多的学生可以公平地选择教育资源。问卷调查中有46.19%的人认为学校的资源配置有明显优化，有33.1%的人认为有所优化，有60.75%的人认为学生在布局调整中受益最大。另外，经过调整，梅州农村教育资源得到改善，将教育资源的财政投入放在公共财政体系，并加大了对梅州农村中小学的资金投入、各种实施设备投入，缩短了农村学校与城市学校之间的差距。

（6）学校的管理工作更加合理有效

有效与科学的管理方式，不但调动了人员的积极性，充分使用各种资源，减少资源消耗，实现资产的增加。而梅州农村中小学布局调整后，改变了原有的资源管理方式，减少了学校的数量、教师更加集中，使得学校的管理工作人员更加合理与有效，并规范了学校的管理，实现管理内容的规范化。问卷调查中有16.22%的人认为学校教师的管理更加容易，有

29.28%的人认为学校的教师管理比较容易。

通过以上分析，梅州农村的中小学布局调整后，中小学布局发生了很多的变化，也为发展农村中小学教育有着极大的帮助与引导，如规范教育资源的管理；促进了教学资源、设备与师资队伍的建设与提高；促进中小学校规模的扩大，提高办学效益；农村中小学教育资源的均衡发展等。

（四）梅州农村中小学布局调整中的问题与原因分析

1. 梅州农村中小学布局调整中的问题

广东省梅州中小学布局调整归根到底是教育资源的配置问题，经过调整，教育资源合理配置；教育资源的利用效率；教学效益；教学效率；教育公平实现；教育水平均衡发展等方面都需要注意。

针对于此，梅州市已经开始认识到了教育资源使用过程中存在着种种问题，从而进行农村中小学布局调整，经过调整，优化了教育资源配置，减少了资源浪费，提高了教育投资的利用效率，把有限的教育资源用到最需要的地方去。主要体现在：一是实现了资源的合理配置，有限的资源得以集中使用；二是学校校均规模增大，提高了办学的规模效益；三是重视教师队伍的优化问题与调整后教学效益、教学质量的提高问题；四是布局调整后梅州农村中小学校的办学条件相对改善，区域内中小学校之间的差距缩小，更多的农村子女也能够接受相当于城市优质的教育，促进了区域内的教育均衡发展。

虽然梅州农村中小学布局调整在教育资源利用效率、促进教育均衡发展和提高教育质量以及优化师资队伍等方面取得了显著成效，但也存在着不少问题，如家庭的经济负担增大、农村中小学生上学不方便、寄宿条件并不健全、中小学与家庭之间沟通不足以及农村教育文化的缺失等等。这些问题都会严重影响到梅州农村中小学布局进一步的调整，制约到农村中小学教育的健康与持续性的发展。具体来说，梅州农村中小学布局调整还存在以下诸多问题。

（1）学生上学交通不便，家庭经济负担增大

随着梅州农村中小学布局调整后，将中小学集中在区域中心区，家庭和学校之间的距离大大增加，造成了上学路途遥远，许多学生每天往返学校与家之间，增加了交通费用，还有相当多的学生不得不在学校寄宿，住宿费用、生活费用增加，且上学的安全得不到有效保障。其次，农村主要的工作就是种地，特别是在农忙的时候，中小学生可以回家帮忙干农活、照看弟妹，而现在由于路途遥远，种地以及照顾小孩的事只能全部由留守农村的老人们承担，学校撤并后，无形中增加了这些老人的劳动负担。对教师的问卷调查有20.68%的人认为村民受女子义务教育的经济负担比以前更重，有36.71%的人认为比以前较重。

（2）寄宿制学校条件简陋，学生管理困难

目前，梅州农村的寄宿制学校缺乏统一的标准，且安全与卫生也存在一定隐患，在短时间内很难消除，具体来说，一是学生宿舍非常简陋，梅州农村的住宿条件较差，一般都是由学校空闲的教室来改建成的，一个住宿房间有十几个人，甚至还有超过60人的，多由教室改建成学生宿舍，基本上缺乏相应的卫生设施；二是没有专职的管理人员，由于编制、经费不足，农村学校没有专职的生活管理老师，宿舍管理由任课教师兼任，加重了任课教师工作负担；三是食堂条件不好，特别是卫生方面，没有相应的消毒措施，使得农村中小学校食堂食品卫生难以得到保证；四是农村寄宿学生年龄偏小，自理能力较差，管理困难，还有些学校没有寄宿条件，学生就在学校周边农户租房住宿，这些学生的管理基本是一片空白。问卷调查中，认为调整后学生管理更加困难的有24.15%，认为比较困难的有24.58%。此外，农村中小学虽有资金投入，也仅限于发放工资，维持中小学的正常运转，无力改变教学设备设施，也无力配备内宿生生活运动学习设施。

（3）农村文化教育阵地及学前教育消失

在梅州农村中小学布局调整之前，多数当地农村中小学除了提供学

生上学的机会以外，还扮演和充当着梅州农村知识文化学习的场所，如农民技术培训学校，农村科学文化活动中心等。由于中小学校在传授孩子文化知识的同时，也会订购一些有关致富、农业科技以及国家方针等多个方面的信息，这样这些有用的信息可以通过农村的中小学校向当地的农民传播。但是梅州农村部分中小学布局调整之后，许多村里的学校被撤并，农民也难以像以前一样受到文化的影响，中小学校在农村当中起到的农村文化影响力也随之消失。布局调整之前，每村在村小学里均附办有学前班或幼儿园，随着学校的撤并，许多村里的学前班或幼儿园也随学校的离去而消失。

（4）学校与家庭沟通不足，家庭教育缺失

梅州农村中小学布局调整之前，由于中小学都在村里，教师与家长接触比较密切，联系很方便，特别是在农村中的小学，所服务的半径范围较小，这样老师对自己学生十分了解，甚至非常了解学生的家庭情况，这对孩子成长有着十分有利的作用。但是梅州农村中小学布局调整之后，学校与学生家庭距离较远，造成了学校与家长间心理距离不断地疏远。学生寄宿后，家长对学生的家庭教育缺失，家庭和学校间的联系减少，家庭教育和学校教育对学生成长的合力作用也因此减弱。

（5）教育经费短缺，学校举步维艰

梅州农村中小学布局调整一般采用就近合并原则，即把几所学校的学生合并到条件比较好的学校中。将几所学校合并以后，教学规模扩大了，学生在校的数量增大，但教学的设备设施数量没有相应增加，这使合并后的教学资源无法满足学生教学与生活的需要，如教学的硬件更赶不上学生的需求，教室拥挤、班级过大、食堂太小、操场面积不够以及学生的课余活动空间不够等等。随着国家和省关于农村教育税费政策的调整，已经存在的教育投入不足和欠账问题在最近三年日益突出：一方面，现行的农村教育体制在形式上强调政府投入为主，其他形式为辅，政府投入严重不到位；另一方面，随着农村税费改革的推行，教育收费项目逐渐取消，原来靠教育收费维持的农村基础教育遭遇了前所未有的困难。教育行政部门布局调整指标较高，教育经费给得少，取消了教育费附加和教育集资，"一事一议"操作困难，办公经费极其短缺，维持学校运转尚且困难，更不用说进行大规模的校舍建设了。

2. 梅州农村中小学布局调整中存在问题的原因分析

基于以上梅州农村中小学布局调整以后出现的各种问题分析，实际上产生这些问题的原因是多种多样的，不但有客观方面的原因，还有中小学布局调整过程中实施不当引起的各种原因，具体如下：

（1）梅州农村地区地形复杂、地广人稀

梅州农村地区的地形较为复杂与多样，且一些村民生活在偏远的山区，使得为梅州农村中小学布局调整带来一定的障碍。在农村中小学布局没有调整之前，学校的布局都是一村一小，使得一些小学校只有七八个人，一个老师教授所有的课程，虽然这样学生上学很方便，但是导致了教师资源不足，课程难以开齐开足，一名教师负责全部的学生的课程。而梅州农村中小学布局调整以后，虽然改变原有一师一校的结构，但是也为较远的学生，特别是生活在山区的学生带来生活不便。

（2）布局调整缺乏科学合理的规划

纵观梅州农村中小学布局调整发现，梅州的布局调整的有关规划问题，出现了规划信息滞后的现象，往往布局调整的规划方案是以教育部、财政部下达的文件为参考，并参照其他地区的布局调整的方案，来制定调整规划，使得在实施过程中没有全面考虑到梅州农村的实际情况，也尚未在实施之前制定相应的规划。另外，在指定的规划与实施之前，需要对农村中小学规模、服务范围以及人口等多个方面考虑以外，还需要对自然情况、经济承受力以及心理感情等其他方面，但是梅州教育行政部门却忽略这些事实，缺乏对梅州农村中小学全面和深刻的理解与认识，将中小学布局调整简单地认为是效率的提高，使得农村中小学布局调整成了地区政府为揽政绩，不顾当地农民、学生以及教师的客观实际，层层加码，只是追求撤销与合并的数量与速度，以求超额完成农村布局调整的任务。这使得在教育的实际需要上难以满足当地农业经济发展的需要，中小学教育需求的满足以及学生的实际需求等，从而导致撤销与合并以后，学生难以跟上新学校的学习进度，学生在学校难以适应新的生活，寄宿条件差、尚未建设保育、医疗、后勤工作人员等等引导了学生的厌学心理较为常见。

（3）相关部门教育资产观念缺乏

自从2006年教育部发布了《关于实事求是地做好农村中小学布局调整工作的通知》以后，其通知中明确说明了要在农村中小学布局调整以后，合理处置闲置的校舍。将其改建成学前教育与农民的成人教育机构，使得闲置资源可以充分利用。但是现实却不是重要的，中小学布局调整以后没有充分利用这些闲置的资源，学前教育随着小学撤离而消失，而技术培训几乎没有。另外，还有一些农村干部却把闲置校舍当成仓库、养殖基地或者租给其他人。他们认为：虽然教育资源属于国家的，且我国的教育资源存在一定的缺乏性，但是教育问题受到国家政府的支持与重视，使他们较为广泛地认为村委会存在更多的问题，债务较重，因而支持或者默认村委会利用以及处理这些原有的被撤销的中小学校，解决村委会现有的困难，以此照顾梅州农村村干部的情绪，方便他们的工作。

（4）农村中小学的教师负担加重

梅州农村中小学布局调整以后存在的各种问题的一个重要原因就是学校的教师负担加重，难以承担较重的教学压力，由于中小学校的撤销与合并，使得梅州农村的中心学校、完全学校以及寄宿等方面的工作繁重，增加了教师的工作任务以及管理事务增多，促使了学校的老师不但需要完成教学工作，还要兼学校保育员的工作，特别是对那些只有六七岁的孩子来说，他们的衣食住行都需要教师的帮助。这样农村的很多老师都是一天24小时在岗，长时间劳累使得教师的身体健康、教学质量以及教学兴趣等方面受到了严重的影响，从而促使教师厌教现状出现，影响学校的正常教学秩序的形成。

（5）布局调整缺乏相应的政策保障机制

梅州农村中小学布局调整顺利进行的一个重要条件就是要有充足资金和经费投入的保障措施，但现阶段梅州农村中小学布局调整过程中缺乏相应的经费保障机制。因为目前资金不足导致的梅州农村中小学布局调整过程中出现了各种问题。当然，我国各级政府也为农村中小学布局调整给予了一定的资金支持，如财政转移支付、专项拨款等，但这些资金的获得是有条件的且资金的数额有限。

（6）布局调整遭遇教师危机

农村中小学合理布局的目的是通过合理配置教育资源，实现教育资源利用效率和教育质量的提高，而教育质量提升的关键在于师资条件的改善。学校布局调整不仅是对教育有形的物质资源的整合，更重要的是学校人力资源的整合，它对农村中小学布局调整能否顺利推进具有决定性的意义。但从调研情况看，目前农村中小学教师队伍建设尽管已取得了一定的效果，但还远远不适应布局调整后农村教育发展的需要。除了优秀教师大量减少和流失，教师年龄老化现象严重（问卷调查中，41岁以上教师占41.8%），教师数量和学科结构不能满足需要外，更为突出的一个问题是专职生活教师普遍缺乏。农村中小学布局调整之后，寄宿制学校大量增加，也导致教师编制不足。农村中小学实行寄宿制之后，由于缺少专职生活教师，导致农村教师除了教学任务之外，还要承担学生的生活管理工作。

（五）小结

农村中小学布局调整是为了优化农村教育资源配置，实现优质教育的共享，促进农村义务教育持续、健康地发展，直接关系到亿万农民的切身利益。十多年来，梅州农村中小学布局调整工作取得明显成效，农村中小学的办学条件、办学效益和教育质量有了进一步提高。但是，也出现了一些新情况、新问题，需要引起高度重视，对出现的问题要认真分析原因，采取有力措施解决出现的问题。实践证明，实施梅州农村中小学布局调整要充分论证、统筹安排、循序渐进，稳妥实施。

四、完善广东梅州农村中小学布局调整的对策与保障措施

（一）完善调整梅州农村中小学布局的模式

现阶段梅州农村中小学布局调整主要是采用了以当地政府为主导的调整过程，从而促进梅州农村中小学布局的调整、教育资源的合理配置、教育资源利用效率的提升。但是此种模式的应用忽视了梅州农村当地农民群众的利益，忽视他们对文化的需求，为此，在实施布局调整过程中会遇到一定的阻碍。因此，本人认为：在对梅州农村中小学布局调整过程中应采用新的模式，即创新梅州农村中小学布局的调整模式，打破原有的政府强制性布局调整模式，开拓“示范在先，强制保证，两者结合”的梅州农村中小学布局调整模式，具体来说，新模式包括以下几个方面：

（1）示范在先。主要是指在对梅州农村中小学布局调整之前，选择合适的学校为布局调整的示范校，让周围更多的学生来示范校就读，改变他们对新建学校的态度以及增加认同度。另外，树立示范中小学校的良好形象，同时也可以在学生就读的过程中，积极地向家长宣传学校布局调整工作的必要性、内容以及各种方案，提前化解各种矛盾与冲突。

（2）强制保证。其主要是当地的政府利用一定行政权力及资源，对农村中小学布局调整进行直接的控制和干预，以达到政府意愿目标。而针对梅州农村的中小学布局调整工作是梅州政府经过多次努力决策的有效行为，为此，梅州政府应在充分调查梅州农村中小学布局情况的基础上，采用各种有效的强制措施，对农村中小学布局进行调整，从而促进了梅州农村教育资源的合理优化配置。

（3）两者结合。其主要是将梅州农村的示范学校与政府的强制性两

个方面综合作用，进行梅州农村中小学布局的调整。此种模式则属于胡萝卜加大棒的方式，即政府给予梅州农村中小学布局调整的学校以相应的好处，而对那些不愿进行布局调整的梅州农村中小学学校和村民则采取威胁和强制的方法。这样不但可以降低梅州农村中小学布局调整的难度，还可以保证其顺利进行。

另外，示范学校与政府的强制性的方式的具体做法：一是政府将若干规模较小的初中合并或者并入其他规模较大的中学，这些被撤并的农村中学校舍则整体移交给中心小学和那些交通便利、位于人口稠密地区的村校，使得这些梅州农村学校吸纳小学生的能力增强，农村小学撤并后校舍则留给幼儿园或学前班；二是做好农村村民的思想工作，政府先行试点，并组织农村村民参观合校并点的中小学。参观后让梅州农村村民们发现，新学校的校园环境更好、教师水平更高、宿舍与食堂干净卫生等得到了改善，特别是农村中小学布局调整增加的硬件设施，如计算机教育与多媒体教室。让农民通过比较以后，可以感受到梅州农村中小学与城市学校的差距也逐渐缩小了，也更愿意让自己的孩子到调整后的学校上学。

（二）完善梅州农村中小学布局调整的对策措施

1. 完善调整梅州农村中小学布局的对策

（1）制定梅州科学的农村教育发展规划

实际上，梅州农村中小学的布局调整是一个十分复杂、涉及面较广的利益冲突过程，不但需要在布局调整过程中优化教育资源，不断地提高中小学的教学效益方面，还需要不断地主动地合理完善教育资源与经济、人口以及其他各个方面之间的关系。为此，在合理与有效地配置梅州农村中小学布局调整之前需要制定合理的教育发展规划。具体来说，应包括以下几个方面：一是梅州农村中小学布局调整需要制定合理规划，需要将其内容完全地放在梅州经济发展规划范围之中；二是教育发展规划的内容还需要与当地的经济、社会以及地理的方面相一致，并在一定的有利条件下，不断地加强梅州农村中小学布局调整。特别是对于那些交通并不方便需要继续保留当地的农村教学点的地方，需要考虑布局调整有利于九年义务教育的巩固、学生上学的方便、保持中小学的入学率、降低中小学生的流失以及辍学率；巩固学校资源的合理使用，提高中小学的办学效率，提高梅州农村中小学的办学效益、缩小梅州农村中小学与城镇学校的差距，实现梅州农村中小学教育水平与质量的提高，并制定出科学调整方面的办法，广泛征求广大各方面人员的意见，学校布局调整是一项涉及面广、利益冲突多的系统工程，反复比较与科学论证，最终制定梅州农村切实可行的中小学布局调整规划。

（2）防止梅州农村教育资源流失与浪费现象

在梅州农村中小学布局结构调整过程中，那些中小学的固定资产较为完整且还可以继续使用的，且当地还有一定生源的学校，需要给予保留。对于那些必须需要撤销合并的学校，布局调整以后校产需要进行恰当的处理。梅州市各级政府以及当地教育行政机构，需要明确产权，落实布局调整相关责任，激活保留固定资源，优化固定资源的合理配置，并根据梅州农村中小合理发展的原则，加强对梅州农村中小学校场地、校舍以及各种其他方面硬件设备的有效管理，制定梅州农村撤销与合并的中小学固定资产的科学管理办法，防止梅州农村中小学固定资产的流失与浪费现象不断地出现。另外，还需要采用更有效的措施管理和处置梅州农村中小学校的资源，特别是一些可转移资产发配到一些合并的学校或者需要继续保留的学校。而对于撤销的学校的场地、校舍等难以转移的资产，可作为梅州农村农民学习农业生产技术以及农业科学文化的培训机构以及农村孩子学前教育的场所，或者可以通过国家的房地产中介机构对这些不动产出售，并合理地使用闲置资产处置的收益。

（3）加强对梅州农村中小学校的安全管理

在梅州农村中小学安全管理方面，需要做到以下几个方面：一是建立好梅州农村寄宿制学校的24小时值班制度。特别是梅州农村的寄宿学生，

24小时都在学校里生活学习，课余时间也会逐渐地增多，学生一起学习与娱乐，很容易产生很多的安全方面的问题。为此，一是梅州农村寄宿制学校值班老师要坚守岗位，并不断地密切关注学生的学习与生活动态。二是梅州农村的学校的餐饮卫生需要加强监督与改善。梅州农村中小学还要依据执行我国《食品卫生法》与《学校食堂和学生集体用餐卫生管理规定》的要求，强化梅州农村中小学校的食品安全管理。投入资金改善农村学校的食堂设备、宿舍卫生设备。特别是梅州农村食堂的工作人员必须持健康证上岗，并需要定期地检查身体健康；加强农村学校的食堂工作人员的卫生安全意识和培训，消除员工存在各种疾病隐患，彻底消除学生食物中毒现象。三是梅州农村需要定期检查并纠正农村学校存在的各项安全隐患。对梅州农村学校校园环境、宿舍食堂卫生，校舍建筑安全，消防安全，校门口交通安全等定时检查，及时排除存在的诸多安全隐患并组织学生进行紧急疏散演习。并需要对梅州农村中小学校的学生进行卫生安全方面的教育内容，提升梅州农村中小学校学生的安全意识，特别是对梅州农村学生水、火以及电方面的认知，提高梅州农村中小学住宿生的安全意识。四是加强对梅州农村中小学校的夜间值班工作管理，如住宿老师需要与寄宿生同吃同住，并负责处理各种学校学生的各种问题，并定期与学生家长联系等，保证他们生活与学习的安全。五是配好梅州农村中学校的医务工作人员。对寄宿学生各种常见疾病加以预防，促进对学生寝室的卫生与安全方面的管理。

另外，还需要实现梅州农村中小学上学的交通安全问题，如一是实现梅州农村中小学学生上学接送制度，即对中小学校的学生上、放学的接送，上学车辆定时以及定点接送的学生管理负责制度，而对于梅州农村学校的寄宿学生实行每周五下午、周日下午定时接送学生；二是梅州农村政府应在制定布局调整规划之前，需要不断地调查梅州农村地理、教育、人口以及区域生源的情况，来设置合理的农村中小学布局内容。特别是在一些交通不方便、偏远地区采用接送方式，缓解了集中办学存在的交通不良的方式。

（4）加强梅州农村寄宿制度学校的建设

梅州农村中小学布局调整以后，中小学校开始逐渐地集中在农村的中心区，使得一些偏远山区的学生由于远离学校不得不选择学校寄宿的方式，加强内宿生管理成为未来梅州农村中小学布局调整以后进一步关注的问题。具体来说，应做到以下几点：一是完善梅州农村中小学布局调整制度的建设。梅州农村中小学校需要根据法律法规来制定各种规章制度，如制定《梅州农村寄宿学生管理规范》《梅州农村寄宿学校的文明评比依据》《梅州农村寄宿学生评价标准》《梅州农村寄宿制学生的寝室评比方案》，使梅州农村中小学校的学生寄宿生活做到有据可依，极大地促进梅州农村中小学校的学生的生活管理提升。一是将梅州农村中小寄宿学校管理与学生有效地结合，将课堂教学、课后娱乐以及学校文化相结合，完善梅州农村寄宿学校的管理；二是加强梅州农村寄宿学校的相应配套设施建设，如加强寄宿学校的配套的浴池、卫生间以及晾衣架的建设，实现餐桌、热水等设施齐全；三是选择寄宿生活指导老师，即梅州农村寄宿学校需要依据一定比例配置生活指导老师，要求他们与寄宿学生同吃同住同生活，负责管理他们的学习与生活；四是要丰富梅州农村学校的寄宿生课余生活，可以采用各种方式来丰富寄宿学生的课余生活，如在每天的课余时间，可以安排学生看电视、读书以及参与各项体育活动；创办学校文学社、艺术团、科技科普活动小组等，深挖寄宿学生的学习与各方面兴趣的潜力；在健康与娱乐方面，采取动画欣赏、体育竞技等形式，丰富寄宿学生的生活，为他们提供良好的学习与生活环境。

（5）加强梅州农村中小学布局调整的资源管理工作

梅州农村中小学布局调整是梅州农村中小学资源的重新配置，不断地挖掘梅州农村教育资源，实现梅州农村中小学校的资源优化配置。在梅州农村中小学布局调整的时候，若是不对教育管理、教育效益方面加以分析与考虑，则就很容易导致中小学布局调整的失败。因此，在梅州农村中小学布局调整过程中需要加强对教育资源的管理，合理配置教育资源，促进教育资源的优化等需要注意的问题，如加强对梅州农村教师资源管理的时候，需要对这些教师资源、学校管理工作人员面对学校布局调整的现状，接受学校调整现实，降低他们的不良抵抗情绪，即一是加强他们被撤销与合并的学校教师以及管理工作人员的思想灌输，让他们理解到布局调整是梅州农村教育资源整合的未来发展趋势，提高梅州农村教育水平与质量的提高，让全部的教师以及管理人员达到认可程度高，促进他们对梅州农村中小学布局调整的支持；另外，对于那些滞留的教师，让他们根据学生的进入而进入新的学校，继续留任。对于那些有一定的特殊身体困难的教师，应采取以人为本的原则，实现每一个教师都可以发挥自己的才能；还需要进一步加强接受中小学校的教师的单位，需要加强其思想教育工作，让他们进入新学校后能够有种归属感，不让原有学校教师有优越感，公平对待每一位教师（无论新老师，还是原有的教师）。二是对梅州农村中小学校的校舍等固定资产的处理，从而防止梅州农村中小学校的校舍等固定资产的闲置，可通过改变用途，挖掘梅州农村中小学校的闲置资源的经济价值，并把所得收入用到梅州农村中小学布局调整中来。校舍等不动产可以采取改造、互换协调，在互惠互利的原则下，将梅州农村中小闲置学校的土地以及有关单位进行互换，以解决需要征地学校的征地问题，并办理合法手续，从而节约梅州农村中小学布局调整的费用、转让以及拍卖等方面的措施，让其发挥应有的作用。三是对财务的管理经费是梅州农村中小学校的发展关键性内容，学校的每一分钱都来之不易，需要把梅州农村完善中小学校的办学条件以及教育环境方面，特别是对梅州农村中小学校的资金处理方面，应做到上级主管部门应组织审计部门对梅州农村中小学校的财务进行严格审计，对于梅州农村中小学校的剩余资金的处理提出指导性意见，坚决杜绝私分梅州农村中小学校的财产现象的出现，从而有效防止梅州农村中小学校的资产的流失。

2. 完善广东梅州农村中小学布局调整的保障措施

（1）制定合理的布局调整政策

制定合理中小学校布局政策可为一项具体工作提供明确的方向和全面的保障。梅州农村中小学校的布局结构调整工作，影响到整个梅州农村中小学校的教育事业的发展内容，其关系到梅州农民的自身利益。为此，梅州农村中小学校需要从相关政策的制定、出台以及执行到结果等多个方面的评价，相关的主管部门需要做到实事求是与认真负责。具体来说，应做到以下几点：一是监督和指导梅州农村中小学校的布局结构调整的过程在布局结构调整的时候，政策制定只是完成了第一步，梅州教育主管部门需要制定相应的政策保证其顺利贯彻执行。梅州农村中小学校的上级主管部门在制定相关的教育政策后需要对下级执行部门进行有效政策完善，使梅州农村中小学校的下级执行部门能正确、完整地领会政策的要求。在梅州农村中小学校的布局调整执行过程中，上级主管部门需要跟踪监督，实现政策落实与执行。二是从实际出发制定梅州农村中小学校的合理的政策、目标以及计划，并制定自上而下的发展。三是客观评价梅州农村中小学校的布局结构调整的结果，上级主管部门不只是需要以数字来说明下级政绩评判的标准。

（2）加强布局调整的宣传和沟通

梅州农村村民的积极支持和参与是实现梅州农村中小学布局调整工作顺利、快速开展的一项有力的保障措施，在一定程度上不但可减少梅州农村中小学校的布局调整工作的阻力。为此，可以通过多种渠道对梅州农村中小学布局调整工作加以宣传。具体来说，应从沟通与宣传两个方面来做：一是深入介绍梅州农村中小学布局调整的价值，使梅州农村村民充分意识到中小学布局调整与农村自己的利益的关系。二是让梅州农村村民充分认识到农村中小学布局调整的相关政策，使梅州农村村民清楚认识布局调整的政策内容和决议方案。

（3）加强农村中小学教师队伍建设

针对目前梅州农村教师队伍中存在的结构不合理、优秀教师队伍不稳定现状，为此需要通过多种渠道实现梅州农村教师队伍的优化。具体来说，应做到：一是在梅州农村增加特岗教师。特岗教师的费用都是由国家来承担。特岗教师的增加需要在不增加梅州政府经济压力下，把农村以外的各种教育资源带到农村。二是保证梅州农村在岗教师的定期培训。通过远程教育使梅州农村教师接受有效的培训内容、教师进修学校工作人员应该定期深入农村中小学校提供相应培训等。三是应在梅州政府的统一协调下，吸纳一些优秀教师、学科带头人到梅州农村任教。并通过增加特岗教师的方式来大量引进优秀的教师是梅州农村教师专业化的基础。四是杜绝梅州农村优秀教师外流的现象。高质量与稳定的教师队伍是为梅州农村农民提供优质服务的基础，也是影响到梅州农村中小学校进行布局调整的因素。梅州政府在有效吸纳优秀的教师工作人员的同时，还需要想办法留住优秀的教师，让他们可以全身心都投入到梅州农村教育上。另外，还需要重视梅州农村教师的专业地位，改变原有的教学管理的传统观念。五是可以在实验点实行教师的市场化，把竞争机制带入到教师的选择中，让梅州农村教师能够自觉地提高他们的素质水平与能力。

（4）加强对农村教师的激励与培养环境的建设

有效的教师激励机制可以有利于调动梅州农村中小学校教师的积极性，即按生师比来确定梅州农村中小学校教师与其他员工数目，并以此为基础结合梅州农村中小学校级别来按比例核定中、高级岗位职数，从而促进梅州农村中小学校教师职称的晋升。另外，城乡统一的省、市、县级优秀教师等的比较也让梅州农村中小学校教师处于劣势，并需要梅州农村中小学校优质教师的地方，不但可以引进优质教师，还可以留住优质教师。其次，解决这种城乡结构问题需要发挥“以村为主”的调控作用，并通过教育投入加大增加农村中小学校的教育的均衡发展，重要的是要改善梅州农村山区教师的待遇。最后，加强梅州农村中小学校师资队伍建设，对梅州农村中小学教育水平与质量提升。针对梅州农村交通相对落后、信息较闭塞而较难以吸引人才的实际，为改善梅州农村育人环境，需要加强对梅州农村老师的激励与培养。具体来说，建立良好的农村教育环境，如一是设立“农村名师”工程，并进行县级奖励，只有梅州农村在岗老师和支教老师才有机会参与评比；二是实行梅州农村一定的小班化，并按照我国相关的教育政策对梅州农村老师编制实行动态管理，且要考虑梅州农村中小学校的新课程增加对老师结构与数量需求的影响，争取按班级核定老师编制，减轻梅州农村老师教学负担，制定相关的政策、制度，督促梅州农村老师参与进修培训，学习多种知识，更新梅州农村教学观念，开拓教学实施观念的创新；三是设立教师特殊津贴制度，对长期在偏远农村任教的优秀教师实施特殊津贴。

五、结论与讨论

（一）基本结论

随着2001年我国提出了有关《关于基础教育改革与发展的决定》的规定，提出了农村学校布局调整问题。由此促进了我国各个地区纷纷对农村学校布局问题进行调查与研究，取得了很多成果，如提高了资源利用率、办学规模，改善了办学条件以及提高教学质量与水平。但在取得一定成果后，还是存在诸多问题。实际上，农村学校布局调整是促进农村教育的重要方法与途径，促进学校布局调整的重要政策。为此，认真分析农村学校布局调整问题，提出相应的解决措施，对促进农村义务教育发展以及我国整个社会教育事业有着十分重要的推动作用。

为此，本论文以梅州农村中小学为研究对象，分析中小学布局调整现状、步骤、工作内容、效果以及存在的问题与原因分析，并提出了梅州农村中小学布局调整的原则以及对策与实施对策，具体来说，本论文研究的结论如下：

（1）梅州农村中小学布局调整促进了当地的教育发展

本论文研究分析了广东梅州农村中小学布局调整的理论和实践，广东梅州农村中小学布局调整后，给梅州的教育带来较好的发展机遇。①通过布局调整，有限的资源得以集中使用，中小学规模更加合理，提高了学校的办学效益；②通过布局调整，师资结构不断得到优化，师资水平有所提高，整体教学水平得到了较大的改善，教学质量和教学效率不断提高；③通过布局调整，促进了农村中小学教育资源的均衡发展，有利于实现教育公平。

（2）基于对农村中小学布局调整的调查研究，本研究概括出了当前地区农村中小学布局调整过程中仍然存在的一些问题：

① 学生上学交通不便，家庭经济负担。梅州农村中小学布局调整后，相当一部分学校的服务半径超过了2.5公里。最远的家庭离学校要二三十公里，造成了上学路途遥远；同时，由于布局调整的原因，家庭所要负担的教育直接和间接成本如交通、住宿、生活等费用都要增加，家庭的教育负担相应地加重。

② 寄宿制学校条件简陋，学生管理困难。布局调整后，由于上学路途遥远，很多学生不得不在学校寄宿，目前梅州农村大部分学校住宿条件简陋，由于经费、编制紧张，各学校没有专职的管理人员，学生管理困难。

③ 学校与家庭沟通不足，家庭教育缺失。布局调整后，由于学校与学生家庭距离遥远，学校与学生沟通不足；且学生远离家庭，家庭教育缺失。

④ 农村文化教育阵地及学前教育消失。梅州农村乡村学校通常也是村里的文化教育阵地，是村里进行实用技术培训、农业生产技术培训等的场所，也是学前教育所依附的地方。布局调整后，随着学校的被撤并，原来学校具有的这些功能也随之消失。

⑤ 教育经费短缺，学校举步维艰。梅州是经济欠发达的山区市，教育

历史负债沉重，政府每年对教育的投入不足，农村学校发展举步维艰。

（3）因地制宜、理论联系实际是解决梅州农村中小学布局调整问题的先决条件

由于梅州特殊的经济、自然条件，我们既要从资源配置的理论出发，又要从梅州农村的经济、社会人口、文化等实际情况出发，因地制宜，科学规划，统筹发展，争取让农村中小学布局调整成为梅州教育发展的一个新契机，促进梅州教育又快又好地发展。

（二）进一步讨论的问题

虽然本论文研究已经取得了一定的成果，但由于本人所了解的理论不足，挖掘与分析不够。为此，本论文还存在一些不足之处：一是学校布局调整属于全国范围内的一个重要政策性问题，但因为本论文研究过程只是选择广东省梅州农村中小学布局调整为研究对象，即选择了一个农村区域为个案研究，缺乏一定的代表性。二是布局调整后许多农村的学前教育随着学校的撤并而消失，学前教育是国民教育体系的重要组成部分，是重要的社会公益事业，关系到亿万儿童的健康成长和千家万户的切实利益，关系到国家和未来。今后将关注和研究如何扩大教育资源，切实解决梅州农村学前儿童上学难的问题。三是农村文化教育基地和农业科技培训基地的消失，很多村里的学校除了担负着中小学学生教育的任务外，还起着农村文化教育基地和农业科技培训基地的作用。布局调整后，随着村里学校的撤并，许多村的学校消失了，农村文化教育基地和农业科技培训基地也随之消失了。随着农村经济的迅猛发展和物质生活的极大提高，人民群众对精神文化生活的需求和对科技知识追求也越来越迫切了。但是由于地方财政困难，资金严重短缺，基层文化设施建设和农业科技知识相对滞后，加强农村文化教育和农业科技培训是农民切身的需要，也是建设社会主义新农村的要求，本人今后将关注和探讨如何在被闲置学校建立农村文化教育基地和农业科技培训基地，提高农民素质，加快农业发展实效，建设好社会主义新农村。

参考文献

[1] 边沁. 政府片论［M］. 沈叔平，等译. 北京：商务印书馆，1997：38.

[2] 陈向明. 质的研究方法与社会科学研究［M］. 北京：教育科学出版社，2000：46-67.

[3] 陈新华，彭恩武，徐永生. 布局调整后农村学校的困难在哪里［J］. 湖南教育，2007（2）：14-15.

[4] 单振华，王德强. 优化教育资源配置　加快新一轮中小学布局调整——潍坊市新一轮中小学布局调整调研情况解析［J］.教育财会研究，2005（5）：32-38.

[5] 杜晓俐，王贵福. 关于学校布局与规模的思考［J］. 教育探索，2000（5）：61-62.

[6] 范国睿. 教育生态学［M］.北京：人民教育出版社，2000：39-68.

[7] 范先佐. 农村中小学布局调整的原因、动力及方式选择［J］.教育与经济，2006（1）：26-29.

[8] 高如峰. 中国农村义务教育财政体制的实证分析［J］.教育研究，2004（5）：51-54.

[9] 闵维方. 2005—2006中国教育与人力资源发展报告［M］.北京：北京大学出版社，2006：123-128.

[10] 李慧勤. 教育脱贫研究［M］. 昆明：云南教育出版社，2000：32-39.

[11] 李娇萍. 西部农村小学布局调整中师资队伍建设存在的问题与对策［J］. 陕西教育学院学报，2007，23（4）：4-6.

[12] 李茂松，冯文全，黄育云. 农村基础教育经济的现状及资源均衡配置的思考［J］. 当代教育论坛，2006（14）：7-9.

[13] 李鹏. 新公共管理及应用［M］. 北京：社会科学文献出版社，

2004：20-24.
［14］李书磊. 村落中的"国家"——文化变迁中的乡村学校［M］. 杭州：浙江人民出版社，1999：8.
［15］李晓刚. 义务教育阶段学校布局调整研究初探——以江苏省盐都县学校布局调整为例［D］. 南京师范大学，2004：32.
［16］刘复兴. 教育政策的价值分析［M］. 北京：教育科学出版社，2003：52-65.
［17］刘良华. 校本教学研究［M］. 成都：四川教育出版社，2003：166.
［18］刘先军. 布局调整要兼顾教育平等［J］. 当代教育科学，2003（16）：40-49.
［19］卢新春，唐太平. 学校布局调整的实践与思考［J］. 当代教育论坛，2004（8）：254-255.
［20］罗伯特·K. 默顿. 社会研究与社会政策［M］. 北京：生活·读书·新知三联书店，2001：61-63.
［21］罗银利. 农村中小学布局调整的问题、原因及对策研究［D］. 华中师范大学，2007：67.
［22］马和民. 教育社会学［M］. 上海：华东师范大学出版社，2001：120-129.
［23］麦昭阳. 调整学校布局　优化资源配置　加快农村基础教育的发展［J］. 计划与市场探索，2002（5）：41-47.
［24］庞丽娟，韩小雨.农村中小学布局调整的问题、原因及对策［J］.教育学报，2005（4）：41-49.
［25］申美云，张秀琴. 教育成本、规模效益与中小学布局结构调整研究［J］. 教育发展研究，2004（12）：85-88
［26］石人炳. 国外关于学校布局调整的研究及启示［J］. 比较教育研究，2004（7）：215.

[27] 孙金鑫. 学校合并：规模与质量的博弈 [J]. 中小学管理，2005（2）：5-7.

[28] 孙荣，许洁. 政府经济学 [M]. 上海：复旦大学出版社，2001：412-428.

[29] 孙艳霞. 农村中小学布局调整的得失 [J]. 人民教育，2004（2）：5-6.

[30] 谈松华. 农村教育：现状、困难与对策 [J]. 北京大学教育评论，2003（4）：167.

[31] 田继忠. 宁夏中小学布局调整现状问题及对策研究 [J]. 宁夏教育科研，2006（4）：76.

[32] 田家盛. 教育人口学 [M]. 北京：人民教育出版社，2000：34-38，56-58.

[33] 王厥轩，谢诒范. 上海现代化寄宿制高中对青少年学生成长的几点启示 [J]. 教育发展研究，2000（3）：214.

[34] 王腊生. 以布局调整为突破口积极推进教育现代化 [J]. 教育现代化，2000（1）：20-21.

[35] 王锐兰. 教育资源配置及优化配置初探 [J]. 吉林教育科学，1995（3）：17-20.

[36] 王志平. 从统计数据看当代美国教育 [J].教育参考资料，2000（13）：1.

[37] 吴伯华. 中小学校布局调整的实践与思考 [J]. 教学与管理，2001（1）：26-27.

[38] 吴修申，张纪云. 美国农村中小学布局调整的动因及效果 [J]. 新课程研究（教育管理），2007（1）：66-69

[39] 吴志宏，陈韶峰，汤林春. 教育政策与教育法规 [M]. 上海：华东师范大学出版社，2003：38-50.

[40] 徐文. 义务教育资源配置的产权分析 [J]. 教育与经济，2003

（2）：39–44.
[41] 徐永生，石选坤. 贫困地区农村小学布局调整的困难及应对策略[J].中国教师，2005（2）：17–19.
[42] 阎立钦等. 推进我国义务教育可持续发展的若干思考[J]. 教育研究，2001（4）：3–5.
[43] 叶炎阳. 关于创建教育强县实现教育现代化的认识、实践和思考[J]. 教育现代化，1999（7）：15–17.
[44] 袁桂林. 农村义务教育“以县为主”管理体制现状及多元化发展模式初探[J]. 东北师大学报，2004（1）：115–122.
[45] 约翰·罗尔斯. 正义论[M]. 何怀宏，等译. 北京：中国社会科学出版社，2005：98.
[46] 张丽娜. 农牧区的“穷陪读”隐忧[J]. 半月选读，2007（9）：13–15.
[47] 张令宜. 布局调整应因地制宜[J]. 中小学管理，2001（10）：87–90.
[48] 周保源. 中小学布局调整的可行性分析及其对策研究[J]. 西安教育学院学报，2004，19（2）：68–72.
[49] 周春红. 我国农村中小学布局调整政策的规模经济分析[J]. 辽宁教育研究，2007（11）：36–49.
[50] 周金玲. 义务教育及其财政制度研究[M]. 北京：经济科学出版社，2005：132–133.
[51] 周元宏.农村学校布局调整：均衡与优化[J]. 新课程研究（教育管理），2007（3）：31–40.

附：

关于农村中小学布局调整工作的调查问卷

问卷说明：

1. 本调查问卷是研究者硕士学位论文中的一项内容。调查的目的是对农村中小学布局调整工作获得一个客观、全面的认识，从而为农村基础教育的发展营造一个更具支持性的社会环境。问卷中的答案只有真假之分，并无对错之别，请您依个人的实际情况和真实想法填写。

2. 凡问题中列出多种情况供您选择的，请在符合您实际情况的“______”上打“√”；凡要求填写数字或符号的，请在有关项的“______”上按要求填写；凡须填写文字的，请用中文简明扼要地填写。

3. 填写问卷可能要占用您一些宝贵的时间，请您一定耐心地做完这份问卷。为确保您个人信息的隐秘性，问卷采取无记名方式，研究者也承诺不公开您个人的任何信息。您的回答对于做好这次专项调研至关重要。对您提供的无私支持和帮助，研究者表示衷心的感谢！

一、您的年龄：

1. 20岁以下（含20岁）________　　2. 21—25岁________

3. 26—30岁________　　4. 31—35岁________

5. 36—40岁________　　6. 41—45岁________

7. 46—50岁________　　8. 51—55岁________

9. 56岁以上（含56岁）________

二、您的性别：

1. 男________　　2. 女________

三、您的文化程度：

1. 小学以下________　　2. 小学或初中________

3. 高中或中专________　　4. 大专或大学本科________

5. 研究生及以上________

四、您在现单位工作的原因是：

1. 布局调整________ 2. 工作调动________

3. 工作分配________ 4. 其他________

五、布局调整前，您在原单位工作的时间：

1. 1年以下________ 2. 1—5年________

3. 6—10年________ 4. 11—15年________

5. 16—20年________ 6. 21—25年________

7. 25年以上（不含25年）________

六、布局调整后，您在现单位工作的时间：

1. 1年以下________ 2. 1—2年________

3. 3—4年________ 4. 4—5年________

5. 5—10年________ 6. 10年以上（不含10年）_____

七、布局调整之前和之后，您任职的部门分别是（调整前填①，调整后填②）：

1. 校长室________ 2. 校长办公室________

3. 总务（财务）处________ 4. 大队部________

5. 政教（教务）处________ 6. 教科室________

7. 教研（年级）组________ 8. 其他________

八、布局调整之前和之后，您的职位分别是（调整前填①，调整后填②）：

1. 正校长________ 2. 中层领导________

3. 副校长________ 4. 教研组长________

5. 普通教师________ 6. 其他________

九、您任现职的时间：

1. 1年以下________ 2. 1—2年________

3. 3—4年________ 4. 4—5年________

5. 5—10年________ 6. 10年以上（不含10年）_____

十、您最早得知原来的单位将进行布局调整的消息的途径是：

1. 正式文件________　　2. 同事闲聊________

3.学校会议________　　4. 校外传说________

5. 其他________

十一、您是否参加过学校或上级主管部门召开的有关布局调整的正式会议？

1. 是________　　2. 否________

十二、您是否阅读过校方或上级主管部门有关布局调整的正式文件？

1. 是________　　2. 否________

十三、您所在的学校或上级主管部门领导是否曾就布局调整征求过您的意见？

1. 是________　　2. 否________

十四、您认为如果您就布局调整问题发表了自己的观点，会受到有关领导的重视或采纳吗？

1. 一定会________　　2. 也许会________

3. 也许不会________　　4. 肯定不会________

十五、当您得知原来的学校将进行布局调整时，您的态度是：

1. 非常愿意________　　2. 比较愿意________

3. 非常不愿意________　　4. 比较不愿意________

5. 无所谓________

十六、您认为您所在的中小学实施布局调整的主要原因是：

1. 执行上级指令________

2. 乡（镇）、村小学分布密集________

3. 政府教育投资不足________

4. 学校规模太小________

5. 更好地完成“普及九年制义务教育”任务________

6. 师资数量过剩________

7. 提高教育教学质量________

8. 其他________

十七、布局调整之前和之后，您对自己在原单位及现单位工作状况的评价分别是（调整前填①，调整后填②）：

1. 非常满意________　2. 比较满意________

3. 非常不满意________　4. 比较不满意________

5. 一般________

十八、布局调整前，您对自己在原单位工作的满意程度依次是（最满意的填①，其次填②，依次类推）：

1. 工作顺手________　2. 关系融洽________

3. 专业对口________　4. 晋升顺利________

5. 领导民主________　6. 薪酬合理________

7. 家属安置妥当________　8. 其他____________

十九、布局调整后，您对自己在现单位工作的满意程度依次是（最满意的填①，其次填②，依次类推）：

1. 工作顺手________　2. 关系融洽________

3. 专业对口________　4. 晋升顺利________

5. 领导民主________　6. 薪酬合理________

7. 家属安置妥当______　8. 其他________

二十、布局调整后，您对教育教学工作的态度与调整前相比是：

1. 更加积极________　2. 比较积极________

3. 更加消极________　4. 比较消极________

5. 变化不大________

二十一、您认为学校管理工作中受布局调整影响最大的是：

1. 教学管理________　2. 行政管理________

3. 学生管理________　4. 财务（后勤）管理________

5. 教师管理________　6. 其他管理________

二十二、您认为实施布局调整后，所在学校的学生管理工作较之以前：

1. 更加容易________　　2.比较容易________

3. 更加困难________　　4. 比较困难________

5. 变化不大________

二十三、您认为实施布局调整后，所在学校的教师管理工作较之以前：

1. 更加容易________　　2. 比较容易________

3. 更加困难________　　4. 比较困难________

5. 变化不大________

二十四、实施布局调整后，您认为所在学校的教学质量较之以前：

1. 明显提高________　　2. 有所提高________

3. 明显下降________　　4. 有所下降________

5. 变化不大________

二十五、实施布局调整后，您认为所在学校的资源配置情况较之以前：

1. 明显优化________　　2. 有所优化________

3. 明显降低________　　4. 有所降低________

5. 变化不大________

二十六、实施布局调整后，您认为村民承受子女义务教育的经济负担较之以前：

1. 更重________　　2. 较重________

3. 更轻________　　4. 较轻________

5. 变化不大________

二十七、您认为在布局调整中，受益程度依次是（受益最大的填①，其次填②，依次类推）：

1. 学生________　　2. 学生家长________

3. 教师________　　4. 教育行政领导________

5. 学校________　　6. 乡（镇）村领导________

7. 地方________　　8. 政府________

二十八、您认为农村中小学实施布局调整最主要的目标是：

1. 节约政府教育支出________　　2. 改善教育教学条件________

3. 提高基础教育质量________　　4. 减轻农民经济负担________

5. 解决教师过剩问题________　　6. 优化资源统一管理________

7. 满足学生发展需求________　　8. 其他________

二十九、您认为布局调整后农村中小学的发展与调整前的目标相一致吗？

1. 完全一致________　　2. 比较一致________

3. 很不一致________　　4. 较不一致________

5. 完全相反________

三十、您认为现行的农村小学布局调整是否符合农村实际？

1. 完全符合________　　2. 比较符合________

3. 很不符合________　　4. 较不符合________

5. 完全不符合________

三十一、您认为一所小学纳入布局调整规划主要应由何种因素决定？

1. 上级教育部门的文件________________________

2. 该小学自身发展状况________________________

3. 所在乡（镇）的经济发展水平________________

4. 该小学服务人口的数量____________________

5. 学生及家长的现实需求____________________

6. 其他______________________________________

三十二、您认为农村中小学实施布局调整对于“普及九年制义务教育”工作的作用是：

1. 大大促进________　　2. 有所促进________

3. 大大阻碍________　　4. 有所阻碍________

5. 影响不大________

三十三、您认为农村中小学实施布局调整对于提高农村基础教育质量的作用是:

1. 大大提高________　　2. 有所提高________

3. 大大降低________　　4. 有所降低________

5. 影响不大________

三十四、您对已经实施的农村中小学布局调整的总体评价是:

1. 利大于弊________　　2. 有利无弊________

3. 弊大于利________　　4. 有弊无利________

5. 利弊均衡________　　6. 无所谓利弊________

三十五、根据“九五”“十五”期间农村中小学布局调整的实施情况,您认为在我国农村是否需要继续推进此项工作?

1. 需要________　　2. 不需要________

3. 酌情而定________　　4. 不知道________

用心帮扶，助力脱贫攻坚

自2005年挂钩帮扶大埔县大东镇三坤村以来，坚持以邓小平理论和“三个代表”重要思想为指导，牢固树立“权为民所用、利为民所谋、心为民所系”形象，认真贯彻党的十五大、十六大全会精神，积极贯彻落实市委、市政府《关于集中力量解决突出问题，加快贫困村、贫困户脱贫奔康步伐的决定》，及时制订帮扶计划，以加强农村基层领导班子建设、提高基层党组织执政能力、强化农村基层政权为重点，以推动农村经济发展为第一要务，以办好事实事和解决农村突出问题为突破口，深入推进“固本强基”工作，构建和谐社会，推进社会主义新农村建设。在挂钩帮扶工作中，局党组高度重视，选派优秀干部担任队员，局主要领导亲自督导。一年来，在市委组织和市扶贫办和当地镇党委、政府的大力支持下，工作组在村里做了大量工作，配齐配强了党支部领导班子，村里宗族纠纷基本平息，各项工作都有了较大的改观，取得了一定的可喜成绩，得到了镇党委、政府和村支部以及群众的肯定，现将帮扶工作总结如下。

一、领导“倾心”是完成挂钩帮扶任务的关键

一是局领导从加强党在农村的执政基础的政治高度来认识挂扶工作，专门成立了领导小组，指定专人负责；二是定期听取挂扶村干部的工作汇报，及时了解三坤村工作情况；三是经常召开专题会议研究挂扶工作；四

是局领导21次（其中一把手3次，班子其他成员18次）深入三坤村调研和指导工作，给当地干部和局派驻村干部下任务、讲思路、提要求、鼓士气，帮助村干部和驻村干部找准工作突破口。做到具体工作跟进指导、实际问题跟进解决、挂扶成果跟进巩固，形成了“村干部和驻村干部具体抓、局机关做后盾、领导总负责”的工作格局。

二、驻村干部与其他干部“用心”是做好工作的前提

为了使群众对挂扶工作不仅是“看在眼里”，而且要“甜在心里”，我们驻村干部从一开始就围绕工作主题，带上责任，带上任务，带上感情，不仅做到“身下”而且做到“心下”。牢固树立“驻地就是家乡，群众就是亲人”的思想，进农家门，知农家事，排农家忧，解农家难，交农家友，做到访贫问苦察民情，促膝谈心知民意；深入群众，进村入户，摸清摸准了驻点村的人口、土地、自然生产环境、经济状况、计划生育情况、殡葬改革、村风民风、党员队伍现状、贫困家庭及群众关心的热点难点重点问题等。采取了四项措施：一是开会，驻村后，召开了村“两委”会、支部大会、村民小组会和村民座谈会；二是走访，每天坚持走访不同类型的群众，包括村干部、村民小组长、普通党员、一般群众和培养对象等，全年共走访了群众250人，党员33人，村组干部18人，从不同层面摸清了驻点村的情况；三是倾听，在调研中注意倾听干群心声，包括集体（农民）收入、干部作风、村风民风和百姓疾苦等；四是察看，队员们深入田间地头调研时，每到一处都会仔细观察群众生产生活、农田水利设施、村道建设、种养情况和危房改造等情况。由于驻村干部对工作的倾情投入，感染了当地干部和群众，许多以前难以推进的工作现在都得以解决。

三、带强班子是驻村工作重点

要发展农村集体经济，解决群众生产生活突出问题，建设和谐农村，

就必须建设一支有凝聚力、战斗力和创造力的村级领导班子。挂扶以来，我局及派驻工作组干部就把加强村“两委”班子建设作为工作的重中之重，以为驻点村建立一支“不走的工作组”为目标，协助三坤村党组织选拔政治素质好、带头致富能力强、带领群众共同致富能力强的“双强”党员担任村支部书记和村“两委”干部，如今三坤村的“两委”班子团结协作，在筹集资金修筑村道、抓好计划生育工作、救灾复产、安全生产、推进社会主义新农村建设等方面体现出较强的战斗力和创造力。驻村工作组还积极培养后备干部，到目前为止，已为三坤村培养了4名“两委”后备干部。

四、加强指导帮助，扎实开展第三批先进性教育活动

按照市委的要求，第二批驻村工作组就是先进性教育活动指导组。我们在当地党委的领导下，全面贯彻中央和上级党委关于先进性教育活动的有关要求，正确把握相关政策，结合本村实际，指导制订先进性教育活动实施方案和工作计划，落实责任，明确分工，带着学习，带头上党课。采取“五学”方式，协助村支部抓好先进性教育活动的方方面面。一是“带学”。通过工作组长上党课、驻村干部为党员上辅导课、支部书记做动员报告等形式，带动全村党员学习。二是“补学”，对因特殊情况请假，不能前来参加集中学习的党员，安排专人为其补课。三是“寄学”，为确保外出党员能按时参加学习，采取“一对一”联系的方式，向他们邮寄《公开信》《实施方案》《先进性教育读本》等学习材料，并要求他们把学习笔记和心得体会寄回村党支部。四是“送学”，对年龄较大年老体弱的党员，驻村工作组、村支部在开展送温暖的同时，开展形式多样的“送学”活动。迄今为止，我们驻村工作组已开展上门送学11人次，筹资7800元慰问困难党员和困难群众26人次。五是“辅学”。通过组织党员参加农村党员先进事迹报告会、建设社会主义新农村报告会，组织党员观看专题电教片和革命故事片等形式，激发党员的学习兴趣，提高学习质量。通过“五

学"活动，三坤村先进性教育活动参学率达到100%，为先进性教育活动转入分析评议阶段打下良好基础。目前，三坤村党支部已收集到群众意见和建议23条。

以今年开展的保持共产党员先进性教育活动为契机，对驻点村党员干部进行"三个代表"重要思想教育，进行党的路线方针政策、国家法律法规和科技文化知识的教育，帮助他们增强宗旨观念、政策观念、法治观念、发展观念、责任意识和执政意识，全面提高党员干部队伍素质，实现党员"三有一好"目标。加大发展优秀农村青年入党的工作力度，切实改变驻点村党员队伍老化、增强党员队伍的先进性、代表性。在今年"七一"建党节期间，发展了新党员1名，并为驻点村培养入党积极分子3名。

五、发展经济是实现目标的基础

把发展经济作为驻村工作的第一要务，进一步帮助所驻村理清了发展思路，找准了发展路子，选准了发展项目，从实际出发，因地制宜，扬长避短，积极探索村集体经济发展的多种实现形式，不断发展壮大农村集体经济，增加农民收入。结合扶贫开发工作，调整农业和农村经济结构，大力推广"强镇带村"等发展农村集体经济模式，引导和帮扶驻点村发展集体经济。市教育局通过投入31万元入股镇级水电站，驻点村每年分得红利3.1万元，加上其他收入，驻点村今年的集体收入已达到了3.5万元，比1999年增加3万元。驻村工作组还组织开展了种植板栗、单枞茶、毛竹和生猪养殖技术培训15次，并帮助驻点村输出劳动力28人。

六、健全制度是推进工作的保障

把扶持帮助、解决问题与加强制度建设结合起来，确保基层各项工作管理有制度、办事有章法、行为有准则。帮助健全党组织生活制度、党员教育和管理制度、党员联系村务工作和联系群众责任制，确保党组织活动正常、党员发挥作用突出；健全以民主选举、民主决策、民主管理、民主监督为主要内容的村民自治制度和机制，完善村“两委”议事规则和村务公开等公开办事制度，保证人民群众依法直接行使民主权利，管理基层公共事务和公益事业；建立健全“两委”班子和党支部学习制度、“两委”班子勤政廉洁制度、党员互助金制度、村级建档制度和村规民约等；完善激励和保障机制，充分调动基层干部积极性，积极探索让干部经常受教育、使农民长期得实惠的有效途径，建立健全了农村基层组织建设的长效工作机制，努力推进基层民主的制度化和法律化。

驻村工作组还重视加强自身建设，建立了工作制度，制定了作息、休假、学习、总结汇报和工作纪律等制度，认真学习和钻研“三农”知识并做好学习记录，坚持“五带头”、遵守“五不准”，按规定驻村，坚持参加“两委”班子会议，坚持记好民情日记，及时总结驻村工作好做法和经验体会，多年来，在市委和镇委的驻村工作简报上分别发表文章2篇，并能按时向市委、县委和镇委“十百千万”干部下基层驻村工作领导小组办公室报送驻村工作总结。

七、构建和谐是建设农村的目标

（一）抓好农村精神文明建设

驻村以来，努力在群众中广泛开展“爱国、守法、诚信、知礼”现代公民教育，引导农民群众形成热爱祖国、遵纪守法、诚实守信、知书达礼的精神风貌和行为规范，大力推进驻点村精神文明建设。

（二）抓好计划生育工作

尽力协助驻点村抓好计划生育等中心工作，首先是做好了宣传教育工作，7月份，县人口计生局组织为民服务小分队来到昆仑村开展计划生育优质服务活动，内容包括送医送药和提供健康咨询，并举行了以宣传计划生育法和计生条例等为主题的文艺晚会。通过宣传教育和细致的思想工作，驻点村全年共完成“四术”41例（其中结扎10例、放环31例），计划生育率88.67%，手术落实率90.59%，查环查孕率88.89%，完成了上级下达的指标。

（三）抓好安全生产工作

为认真贯彻好上级关于做好安全生产的指示精神，深刻吸取兴宁“8·7”矿难教训，工作组的同志们不辞辛苦，努力协助驻点村做好安全排查工作。针对村里多年未进行加固山塘抵御灾害能力差的特点，工作组与村干部一道共同做好了防护措施，成功抵御了台风雨的多次袭击。

（四）抓好“洁净家园·绿满梅州”工作

为了美化村容村貌，营造良好的生产和生活环境，倡导健康文明的生活方式，建设和谐新农村，7月份开始，按照局领导的指示精神，驻点村组织开展了创建“洁净家园”活动，这次活运主要以整治脏乱差现象，特别是处理垃圾问题为主。驻村工作组通过采取上门向农户发放倡议书、广播与电视反复宣讲等形式，引导农民养成科学卫生的生活方式，自觉遵守公共卫生秩序，制止不卫生、不文明现象。通过一个多月的“治本”工作，调动了各方面的积极因素，为搞好驻点村的卫生环境工作打下坚实的基础。“治本”工作结束后，村“两委”干部和驻村工作组同志共同发动了一场全民参与的“垃圾集中收集处理大战”。随着“战役”的全面铺开，村民欣喜地看到了身边的新气象：房前屋后变得干净、整洁了，河水变清了，乱倒垃圾的人少了，家门口摆上了垃圾桶，保洁员每天定时清运垃圾，农村也像城市一样——垃圾实现了日产日清。

（五）以排头兵精神做好抗洪救灾、灾后重建家园工作

自今年5月份以来，三坤村先后遭受了珍珠、碧利斯、格美等台风的影响，灾情十分严重。据初步统计，全村山体滑坡2宗，崩塌26宗，水毁陂头8处，圳道134米，道路塌34处8000立方米，水田塌方6宗，损毁农田78亩，农作物受损174亩，受损房屋22户50间，倒塌房屋6户24间，受灾人口28户，人口187人，全村直接经济损失达123.7万元。驻村工作组全体干部高度重视，迅速组织村党员干部深入到每一家农户家中，采取有力措施，切实做好救灾复产工作。

一是预防为主。灾情警报发布后，工作组全体人员克服麻痹思想，高度重视预防工作，放弃了休假，全部吃住在三坤村，与镇村干部通力合作，深入到每一户群众家中，指导群众落实抗灾防范措施，积极做好宣传和防灾抗灾准备工作。

二是及时向局领导汇报灾情。灾情出现后，工作组迅速向叶维园局长和胡向华副局长领导汇报了三坤村受灾情况和灾后复产措施。领导听取了我们的报告后，指示我们要以“排头兵”精神做好救灾复产工作，灾情发生后，我们积极向局领导汇报灾情，领导得知受灾情况后，非常重视，多次询问救灾进程，6月28日派胡向华副局长一行到三坤村视察灾情、慰问受灾群众，向受灾群众发放了4430元慰问金。8月11日又派赖厚芳副局长来到三坤村视察灾情、慰问受灾群众，向受灾群众发放了6800元慰问金。

三是宣传措施到位。我组发挥我局优势，编印各种资料，利用三坤小学的学生，向群众宣传防范地质灾害的知识，并劝说危险住户撤离，对易出现滑坡、崩塌地区进行每日巡查。

四是广泛发动群众开展生产自救，积极发动旅外乡亲和干部、群众捐款捐物，支援家乡救灾复产工作；动员住房较安全的群众接纳附近撤离的群众搭住；各片以村民小组为单位组织群众开展维修道路、水圳、农田、房屋等。7月5日工作组与村干部村民一起修复了寨下至下戈的村道。

五是结合社会主义新农村建设，科学安排。把社会主义新农村规划与重建灾民房屋结合起来，如艳树戈（墩头坑）丘玉针户、下坤杨娘河户因山体滑坡房屋全面倒塌，结合解决困难户危房户改造，争取市教育局拨款支持重建家园。

我们以帮助三坤村开展救灾复产、灾后家园工作为重点，深入推进扶贫工作：一是认真解决受灾群众的生产生活问题，保证受灾群众有水喝、有饭吃、有衣穿、有地方住、有病能得到及时医治。灾情发生后，我们积极向局领导汇报灾情，领导得知受灾情况后，非常重视，多次询问救灾进程，6月底派胡向华副局长一行到三坤村视察灾情、慰问受灾群众，向受灾群众发放了4430元慰问金。8月11日又派赖厚芳副局长来到三坤村视察灾情、慰问受灾群众，向受灾群众发放了6800元慰问金。二是认真解决受灾群众孩子上学的问题，保证受灾群众孩子无一失学。在9月1日开学的第一天，副局长赖厚芳一行亲自来到大东中心小学，为大东镇100名就读小学、初中的重灾户子女发放每人100元的生活补助和书包、文具等一批学习用品。对被安置在大埔县城的大东镇重灾户子女46人，通过县教育局全部免费安排到县城各中小学校就读。三是加快劳动力转移培训就业，对本地劳动力有针对性地开展定点培训、定向培训、订单培训，提高技能水平，帮助转移就业，实现“培训一人、输出一人、脱贫一户”。四是认真做好重建家园工作，根据三坤村山多、山高和平地少的实际、降低费用的原则和村镇规划要求，以分散为主，建设农民新村，确保2007年元旦前“全倒户”住上新房。资助全倒户丘玉针到县城买房，资助全倒户丘暖到大东镇购房。五是及早抓好救灾复产工作，做早造损失晚造补，农作物损失经济作物补，农村经济损失外出务工收入补，确保农民收入增加，农村社会稳定。

八、办实事好事是做好工作的突破口

多年来，工作组坚持从实际出发，注意从群众最不满意的问题抓起，坚持不懈地为群众兴办好事实事。在工作中，努力争取单位和社会各方面支持，本着为驻点村做好事办实事尽力而为、量力而行的原则，把好事办好、实事办实，突出特色，市建设局全年共投入资金10.85万元，为驻点村兴办好事实事11件。一是投入3万元维修改造贫困户危房6栋。二是在2000年投入100多万元重建三坤小学，多年来投入20多万元为三坤小学购置课桌椅300套、带电子白板的最新型多媒体教室和其他教学设备设施。三是筹集资金和发动全局干部职工捐款8万多元开展15次慰问活动，为三坤村建设办公楼，2000年，梅州市教育局出资6.5万元，该村自筹3.5万元，建起一个楼高两层，建筑面积215平方米的办公楼。四是不断完善村委会办公设施，增添电脑、打印机、办公桌凳、风扇、文件柜等，改善了办公条件。在村委会建起了文化室、图书阅览室。为村委会提供了较为完善的为民办事平台，使村民有了充实精神文化生活的阵地。五是开展各种慰问活动，首先是每年春节前开展对口帮扶；其次是春节期间开展慰问困难党员、困难户、90岁以上老人和孤儿等，六一节慰问三坤小学生、教师节慰问三坤小学教师；再次是“三八”妇女节期间慰问驻点村的18位单亲母亲。六是举行义诊活动，组织县人民医院专家医师共10人到驻点村为群众送医送药，解决村民看病难问题。七是与村干部一道尽力为坪山至岩东公路三坤村部分的6公里的村道筹集资金近18万元（其中梅州市教育局投入7万元），并于2005年1月初建成通车。八是筹集资金3000元作为驻点村一年的环境卫生经费。九是教师节期间筹资3000元慰问村里两所小学的全体老师。十是投入8000多元协助驻点村完成新型合作医疗任务。办这些实事好事深得民心，也得到了上级领导的肯定。

第二辑

教研教学论文

高中综合实践活动课程教学方法与模式创新

在高中实践活动中，教师要注重培养学生的核心素养和动手操作能力，旨在促进学生的全面发展。但是，当前高中综合实践活动课程教学还存在很多问题，比如，校长和教师对综合实践活动的重要性认识不足，也没有有效整合课程资源，更没有发挥出高中综合实践活动的作用。在高中综合实践活动课程教学中，教师应该不断创新教学方法和模式，提升学生的探究、服务、制作、实验能力，促进学生的可持续性发展。

一、高中实践教学活动的作用

高中实践活动是一门实践性和综合性很强的课程。一方面，高中实践活动能够锻炼学生的动手操作、思考探究、人际交往、自主学习等方面的能力，激活学生的科学和创新思维。另一方面，综合实践活动可以在多个学科中开展，除了文科、理科以外的知识可以融入到实践活动中，传授给学生必要的知识与技能，在促进学生的全面发展的同时，提升学生的综合素养和学以致用的能力，为学生以后的发展打好基础。

二、高中综合实践活动的教学问题

根据实际调查，当前高中实践活动主要存在以下几个问题：

1. 学校没有足够的重视

高中阶段是学生身心发展的关键阶段，也是学生学习压力比较大的阶段，不少学校都没有重视高中综合实践活动，教师制定的教学目标都是围绕高考展开的，很少留出足够的时间开展综合实践活动课程。有的学校虽然开设了高中综合实践活动，但是没有专业的教师，也没有支持活动开展的软硬件设施，也就没有取得良好的教学效果。

2. 教师没有更新教学观念

在高中实践活动中，教师的教学观念比较落后，没有充分认识到高中实践活动的作用，教学方法也比较单一。在高中实践活动开展中，教师没有对活动进行全程把控，也没有给予学生个性化的指导，这样既不能实现自己的教学目标，也不能满足学生身心发展需求。

3. 没有尊重学生的学习主动性

很多学生没有充分参与到综合实践活动中，这主要是因为教师没有更新教学观念，也没有重视高中实践教学活动的开展，更没有尊重学生学习的主动性。综合实践活动的教学目标是培养学生的自主学习和探索精神，锻炼学生的动手操作能力。教师必须重视高中实践活动的开展，采用科学有效的教学方法，激发学生学习的兴趣，尊重学生学习的能动性，提升学生的核心素养。

4. 活动连续性比较差

首先，在综合实践活动中，教学内容和进程应该与教师的主观感受有关，因此，随意性比较强，没有科学规划活动内容，教学计划也没有连续性。其次，教师还深受应试教育的影响，没有落实素质教育的目标，也没有给综合实践活动的开展预留出足够时间，因此活动是不连续的。活动的不连续，导致不能很好地培养学生的核心素养。

5. 活动的方法不具体

教师要想在综合实践活动中培养学生的核心素养，需要发挥出引导的作用。首先，教师在开展综合实践活动时，需要考量到学生学习能力的差异，有些学生对知识的理解程度有限，这时候教师就应该发挥出引导的作用，帮助学生找到科学的解决问题的方法。但是在实际的高中综合实践活动中，教师没有考量到学生的动手操作行为，导致实验行为影响了学生的学习效果。其次，教师没有提升自己的专业素养，缺乏对学生的指导方法，也就不利于提升学生的核心素养。

三、高中实践活动的创新方法

目前教师并没有发挥出高中实践活动的作用。因此，教师在以后要重视高中实践活动，创新教学方法，提升学生的综合素养，促进学生的全面发展。

教师应该制定科学合理的教学目标，采用灵活多样的教学方法改善当前的教学问题，一是为学生组织丰富多彩的教学内容，要秉承学生的身心发展特点，还要满足学生的学习需要；二是制定完整的高中实践教学活动的考核标准，完善对学生的评价，让学生清楚知道自身的优势和不足，从而有针对性地进行提升。

教师在完整的考核标准下，采用科学有效的教学方法推动高中综合实践活动的教学。教师在做高中综合实践活动的教案时，应该制定科学合理的教学目标、根据学生的学习情况开展教学，引导学生自主学习和探究。教师要在高中实践活动中为学生传授必要的知识与技能。

核心素养的培养需要教师科学规划活动，将教学目标细化，由浅及深培养学生的核心素养。比如，以活动计划为例，可以从以下几方面进行教学：其一，考量到季节因素的影响，春季气温回暖，夏季枝叶繁茂，可以让学生去观察大自然的植物。夏季可以让学生对植物进行分类，秋季可以开展豌豆种植活动。其二，根据课本中的知识，让学生自己种植的豌豆进行高茎和低茎的杂交，对豌豆的遗传病展开调查。其三，根据本地的特色，教师组织学生去文化节中调查。其四，根据学校中的特征，可以让学生参与到绿地认领和植物挂牌等综合实践活动中。其五，根据学生的身心发展特点，让培养学生的核心素养的目标逐渐落实。总之，教师可以根据以上几步开展综合实践活动，并通过表格的形式明确教学任务，确保教学计划的连续。

学生要在综合实践活动中具有饱满的学习热情，不断提升自己的综合素养和学以致用的能力，树立自主学习的意识，锻炼创造能力，促进自己的全面发展。

四、高中实践活动的创新模式

教师要根据教学内容和学生的身心发展特点精心准备教案，提高教学效率，促进学生的全面发展。比如，在讲授“细胞的分化”的知识时，教师可以运用以下模式开展综合实践活动，根据生物知识和学生的学习情况安排教学任务，选择科学有效的教学方法，提升学生的学习能力。

第一步，明确在综合实践活动中安排的生物知识，确定教学课题。明确综合实践活动的教学目标是顺利开展活动的基础。教师要明确实践活动的目标，比如培养学生的动手操作能力、敏锐的观察能力、完善的思考能力、准确的判断能力等。

第二步，教师在明确教学方案后，为学生安排适合他们的实践活动。细胞分化是学生必须学习的知识，教师可以将学生科学分组，让学生在小组合作中完成学习目标。

第三步，在学生动手操作中，教师要及时观察学生的学习情况，当学生在实验中出错时，教师要给予学生科学的指导，让学生能够运用仪器观察细胞分化的现象，锻炼学生的学以致用的能力。教师要让学生将自己观察的过程和感受记录下来，总结出细胞分化的规律，并将规律反映在实验报告中。

第四步，在学生完成实验报告后，教师要对他们的报告评分，并将评分细则告诉学生，评分时既要考虑学生的活动成果也要考量学生的活动过程，对学生做完整的考核评价。

第五步，学校要对综合实践活动的开展情况进行评价，不仅要对教师的教学方案进行评价，还应该对学生的学习情况、合作探究情况以及学习态度进行评价。

五、结语

综合实践活动的开展需要学校、教师和学生多方面的努力，教师要制定科学合理的教学方案，并通过不断创新教学方法和模式推动综合实践活动的开展，从而取得良好的教学效果，锻炼学生的自主学习、人际交往、思考探究等方面的能力，发挥出综合实践活动的作用，促进学生的可持续性发展。

参考文献

[1] 阮春花. 高中综合实践活动实施中的问题及策略［J］. 课程教育研究，2019（14）：20–21.

[2] 文娟，张友碧. 高中开展综合实践活动存在的问题及解决对策［J］. 中学生物教学，2018（10）：48–49.

课堂教学反思性评价之我见

美国学者波斯纳（G. J. Posner）指出："没有反思的经验是狭隘的经验，最多只能称为肤浅的知识。"为此，他提出了一个教师成长公式："经验+反思=成长。"他还指出，没有反思的经验是狭隘的经验，最多只能形成肤浅的知识。如果一个教师仅仅满足于获得经验而没有对经验进行深入思考，那么他的发展将大受限制。教师教学能力的提高是一个经验不断积累的过程。课堂教学反思是教师积累教育教学经验、提高教学素养的有效方法，也是促进教师成长的阶梯。本文仅就课堂教学反思性评价之要义、基本类型及其实施的现实意义谈谈自己的见解。

一、课堂教学反思性评价之要义

课堂教学反思性评价是指教师在新时代教育理念的指导下，对过去教学经验或当前的教学过程的一种回忆，思考与评价的活动过程，它是对过去教学经验和当前教学活动过程的反思与评价，同时又是作出新的计划和行动的依据，以达到提高教育教学质量，促进学生发展和提升教师自身素质之目的。课堂教学反思性评价要求教师在教学活动中反思与评价课堂教学的内容和结果，分析其背后隐藏的知识背景，理解新时代的教育理念，感受自己的成长轨迹，挖掘自己的潜能，改进自己之不足，提出解决问题的解释，并在实践中检验假设，周而复始，循环往复。这一课堂教学反思性评价过程，能帮助教师增长教育智慧，教育智慧源于教学经验，通过对具体的教学情景和教学事件的关注和反思，将新时代的教育理念与自身的教学教育活动融为一体，将感性的、表层的经验提升，使其内化为教师的教育能力。“但它在某种意义上又具有理性化的特征，较之直接的经验其迁移性更强，换言之，一位拥有教育智慧的教师与那些仅有丰富经验的教师相比，在处理教学突发事件，特别是前所未遇的教学事件时，前者更容易作出准确及时的反应。”它将让老师一步步走向成熟，不断地攀登事业的高峰。

二、课堂教学反思性评价的基本类型

课堂教学反思性评价，是教师以自己的教学活动过程为思考对象，对自己做出的行为、决策以及由此产生的结果进行重新审视和分析，通过自我觉醒来促进教育教学能力提高的途径。课堂教学反思性评价不仅仅是单纯的课堂教学事后行为，还包括上课前和上课中过程中的评价。

（一）课堂教学前的反思性评价

这种评价，主要是在课前准备的备课阶段，有助于发展教师的教育智慧。教师的教育智慧主要体现在两个方面：一是看能否预测学生在学习某一内容时可能会遇到哪些问题？二是看能否找到解决这些问题的策略和方法。从目前教师备课的现状来看，主要存在两种不良的倾向：一是“拿来主义”，照搬现成的教案，以“他思”代替“我思”，不考虑自己所教班级学生的实际；二是经验主义，一些所谓有经验的教师备课时，过分依赖多年积累起来的教学经验，缺乏新课程改革的理念，只凭原有的经验设计教学方案，有的甚至照抄以往教案或者备课笔记。针对这些问题，反思性评价要求，我们教师备课时，先要对过去的经验进行反思与评价，使新的教学设计既符合新课程教学目标要求，又建立在过去经验与教训的基础上。例如：

自己或他人以前在教学这一教学内容（或相关内容）时，教学目标如何确定（含主要的与次要的，直接的与间接的教学目标的确立），曾遇到过哪些问题？这些问题是采用什么措施和方法解决的？其设计依据和效果如何？

根据自己班级学生的实际，学生在学习这一教学内容时，教学目标（含近期及远期发展目标）如何确定？可能会遇到哪些新的问题？针对这些问题将采用什么策略和方法？教学设计的依据是什么？为什么要这样设计教学程序？为什么要选择这样的教学策略和方法？

课堂教学活动前，反思性评价，一是可以增强教学设计的针对性；二是可以提升教学设计的实效性；三是可以培养教师的反思意识，逐步养成反思的习惯。

（二）课堂教学中的反思性评价

上课前教学设计是否合理，还需要经过课堂教学实践来验证，课堂教学中的教师反思性评价，主要指向课堂教学，帮助教师及时发现并抓住课堂教学活动中的各种信息，作出即时评价及有效的反应，解决课堂教学中出现的问题，提高课堂教学效果。反思性评价要求教师必须具备驾驭课堂教学的教育智慧与调控能力，因为这一阶段反思性评价的目的是解决发生在课堂教学现场随机发生的问题，实现课堂教学的最优化。这些问题可以假设涉及以下几方面的内容：

学生在学习教学的重点和难点内容时，出现了哪些问题？有哪些意想不到的障碍？有哪些额外的收获？你是如何机智地处理这些问题的？

师生互动，生生互动展现的情况如何？你是如何做到因“愤”而启、因“悱”而发的？

当教学中使用的现代化多媒体教学设备出现问题时，事先创设教学情景的课件得不到展示，你是如何采取补救措施的？

学生在课堂上对某一问题讨论进行得异常热烈，如果让学生继续讨论下去，不能完成这节课预定的教学任务，权衡利弊，你将如何进行有效的调控？

就教学过程而言，反思性评价中的教育智慧表现为教师对知识传授的超越。假如将教学过程比作登山，那么教育智慧的表现为教师视知识传授为登山的工具，而将真正的目标锁定于引导学生体验攀登的酸甜苦辣，感悟人生的真善美。这是具有教育智慧的老师，能够认识到自身的人格魅力和人生体悟具有的独特性，他会在潜移默化中对学生的一生产生深远的影响：其一是直接见诸学生的心灵，锤炼学生的性格品质——体现其深；其二是不仅广泛作用于班里的学生，而且往往通过学生对家长乃至社会产生影响，有时甚至直接作用于社会——体现其广；其三是对学生的影响，不仅学生在校学习期间有效，而且影响学生的一生，进而影响到整个社会的进步与未来——体现其远。

就教学方法而言，反思性评价中的教育智慧表现为教师的一种教学机智，这里的“机智”是指教师在课堂上通过即时评价的瞬间知道该怎么做，它是一种课堂教学临场智慧和才艺。一方面教学机智具有相当的灵活性，它不是单纯的教学技能和技巧，而是反思性评价中教师价值取向的创造性行为表现。这里教学过程中对知识的活化，对学生心理变化的敏锐感受与评价，对教学时际的及时把握，对教学矛盾和冲突的巧妙化解，都充满着教师工作的创造性。另一方面，教学机智具有一定的严肃性，它的即兴创作不能随心所欲，它渗透在教学理论具体应用之中，将理性原则的普遍性与经验感觉的特殊性有机结合在一起，使教学理论更情境化和具体化。反思性评价要求教师在课堂教学中，要充分发挥自身的创造力，又要做到具体问题具体分析，选择当时情境下最佳的教学方式，取得最理想的结果。

（三）课堂教学后的反思性评价

教师在课堂教学结束后，对整个课堂进行课后反思，结合上课前制定的教学目标、教学行为有效性和教学设计等进行分析，它包括对教师的教学观念、教学行为，学生的表现，以及教学的成功与失败进行理性的分析、评价与总结。例如：

在课堂教学中，哪些教学环节没有按计划实行？做了哪些改动？为什么（含经验的与理论性的依据）？

在课堂教学中，学生学习的课堂气氛在何处出现沉闷？又在何处出现令你惊喜的“亮点”环节？原因是什么？有哪些教训与收获（主要是教学效果评价的反思）？

假如你重新教这个教学内容，教学设计方案还可以做怎样的修改（主要是教学程序设计及教学策略的选择）？

课堂教学后的反思性教育评价，既是当前教学活动周期的结束，又是过渡到下一个循环周期的中介。这一环节的主要工作有：整理描述，评价解释，总结报告。

“整理描述”，即对教学活动过程中获得的数据、资料进行科学处理，对观察到的现象加以归纳整理，描述出本循环周期的进程和结果，特别是多侧面地、生动地勾画出行动的过程。

“评价解释”，即对教学活动过程和结果做出价值判断，对有关现象和原因加以分析，给出诠释，找出计划方案和事实结果的不一致性。除了评价本周期的教育行动，得到研究结论外，有时还需要对产生这一课题的实际问题，根据教育体验所获得的深层次的认识，加以进一步的解释和评价。从而作出判断，是否需要对整体设想、总体计划和下一步教学方案进行调整，需要作哪些调整。事实上在整个课堂教学反思性评价研究过程中，诊断性评价、形成性评价、总结性评价往往贯穿于工作流程的始终。

“总结报告”，是教育活动研究一段周期结束后的阶段性总结文本。近年来已经超出了学术文体的局限，允许采取多种不同的写作形式，去反映自身的特色，可以撰写成通常的描述性总结报告，也可以编制教学案例，或一系列的个人叙述，或者让所有的参与者共同撰写教学故事，让不同的声音汇聚一起，让多元的体验相互交流。

课堂教学反思性评价，不是轻理论，重实践，而是要加强理论与实践的联系，通过教育问题的驱动，促进教师自主的反思与研究，唤起教师学习理论的兴趣，学会判断价值、发现价值、提升价值，进而达到教育价值增值之目的。

三、课堂教学反思性评价实施的现实意义

课堂教学反思性评价，对于改变教师的观念、促进教师的自我教育、提高教师的理论素养和提升科研水平，将产生深远影响，它为我们教师成长开辟一片沃土。

（一）它有利于改变教师的观念

《思维的革命》一书的作者威廉·杜拉姆有一句名言："假如一个人掌握了思维的力量，那么他就会加速成功的频率。"它向人们揭示：改变思维将是一场革命，同时也预示我们已进入了一个反思的时代。教师要完成"教会学生思维"这一教育使命，首当其冲的是，教师自己要成为一名善于思考的教师。

有人这样评价我国教育的弊端：小学教育是听话教育，中学教育是分数教育，大学教育是知识教育。也有报纸批评说："教育制度，把我们的学生教傻了"，"在大学学习过程中能够提出自己见解的学生最多只有5%"等类似的评论。虽然这些只是一家之言、片面之词，但也从一个侧面反映了我们的教育在学生思维训练上的缺乏，这种缺乏向人们揭示了我们的教育对学生思维训练还做得不够，没有足够关注对学生思维潜能的挖掘。没有充分意识到，学校教育从传递教育到创新学习的转换，从知识习得到思维训练的转变，关键的策略，除了教材和课程改革之外，还有教师观念的转变。叶澜等教育专家在文章中指出："……没有教师的生命质量的提升，就很难有高的教育质量；没有教师精神的解放就很难有学生精神的解放；没有教师的主动发展，就很难有学生的主动发展；没有教师的教育创造，就很难有学生的创造精神……教育是一个使教育者和受教育者都变得更加完善的职业，而且只有当教育者自觉地完善自己时，才能更有利于学生的完善与发展。"这里需要特别强调的是，只有改变教师的习惯性

思维，构建教师自身良好的思维模式和思维习惯，教师才能实现有真正意义的“教会学生思维”。

与习惯性思维相对的是反思性思维。虽说不能完全保证教师出现失误，但它至少可以引导教师经由反思发现错误，并通过教育智慧探本溯源走出歧途，反思性思维的核心是“假设——检验”，反思性评价的主要特征，在于教师一连串的“假设——检验”中推进自己的教学活动。它要求教师持续关注从学生那里发生的种种创造性思维的启示，还意味着追问启示的由来，在分析与评价的基础上，作出价值取向的假设，并在后续的教学中观察学生的行为，且采用相应的教学策略检验这些假设。

新知识观认为，知识包括陈述性知识（回答“是什么”）、程序性知识（解决“为什么”）和策略性知识（探讨“怎么做”）三大内容，缺一不可。由此可见，完整的知识教学和我们的课堂教学反思性评价都包括这三个部分。但在实际的课堂教学中，绝大多数教师的教学是不完整的，教师往往仅是进行第一和第二部分内容的教学，考虑策略教学的教师微乎其微，因此，积极开展课堂教学反思性评价教育活动，将帮助我们走出这一困惑，将帮助教师进行教学策略反思：包括策略运用过程的回顾、策略运用的关键地方、策略运用的有效性评价（激发运用策略的积极情感体验）、策略迁移（即还可运用的类似地方）。

研究表明，教师的成长关键在于对自己的教育教学活动进行反思与评价。通过反思与评价来提高教师的教学质量，增强教学行为的有效性，在促进学生高效学习的同时推进教师自身的不断成长与发展。改变教师思维的过程就是教师不断反思与评价、重构自己的教学实践基本观念和增长教育智慧的过程。

（二）它有利于促进教师的自我教育

教师的自我教育，是作为教师主体的个人，自己对自己的教育。自我教育的过程，是自我认识、自我改造的过程，是教育内化为意识的过程。教师的自我教育伴随着教师自我意识的发展而发展，教师自我意识的发展将会促使教师自主性教学行为水平的提高。它使教师以自己的教学过程为主要思考对象，对自己的教学行为、教学结果进行分析与评价，为教师自我认识、自我改造扩展视角，从而改进自己的教学教育，并使教学教育更具合理性的过程。例如：

1. 经历者提供的视角

教师作为当年的学生和现在的教师，过去的求学经历和现在的教学经验给课堂教学反思性评价提供丰富的资料和经验，也是他获得教学洞察力的一个重要来源。当教师审视自己作为学习者的经历时，教师充当的是一种“别人”的角色，以“别人”为镜子来了解自己的教学教育行为，他们将本能地与学生在教学中的经历和行为表现联系起来。那些看起来很自然的教学恰好常常能追溯到教师作为学习者的境遇。这种回忆与反观是开始反思的第一步，通过自我反思，教师能了解开展教学工作的推理依据和假设。当教师知道了自己的教学依据和假设后，再通过与学生、同事或文献的交流，就开始检验这些假设和推理的合理性。

2. 学生提供的视角

教师能从学生学习神态反应中发现他们对自己教学的感受，发现他们给予肯定或感到压抑的那些教学行为是什么。学生在课堂学习的反应能帮助教师检查和确定他们是否从自己的教学教育中获得了假设中所期望的意义。不掌握学生的学习反应、学习体验及其评价，教师将很难做好教书育人工作，任何一种教学方法、策略的选择都有可能进入误区或是有害的。

3. 同事提供的视角

课堂教学反思性评价尽管常常是从自己一个人开始的，但它最终是一种集体的努力。同事间彼此观摩教学活动，进行深入的交流与沟通，可以帮助教师注意到教学中那些在正常情况下隐藏起来的不为自己所觉察到的一些问题。这种交流与沟通为教师了解自身教学，增进新知识开启了一扇新窗口。当教师聆听同事讲述相似的经历时，同样可以检查、重构和扩展自己教育教学所依据的理论。

4. 文献所提供的视角

课堂教学反思性评价中，学术文献能帮助教师了解学科前沿的信息和发展，积累专业知识。它可以对一些很熟悉的现状教学现象给出多种解释，帮助教师用不同的方式审视自己的教学经历，进行多角度的探讨。教师通过这些不同的渠道反观自己的教育实践，就会对自己所持有的假设产生警惕，并对它们做进一步的审核和改变。教师可以通过与相关的文献理论的学习，达到知识、理念的更新（内化为自己的信念，外化为教育教学行为）；学会反思与评价，提高教育教学及研究能力（调整自己的教学过程，减少低效，甚至无效的劳动）；增强心理素养（寻找心灵的支点，尽心感受教学工作中的快乐）；关注教育领域中最新发展态势（以饱满而理智的态度投入到改革中，去展现人生的价值）。

（三）它利于提高教师的理论素养

教师在具体的教学实践中，将受到两类教学理论的影响。一类是外显的“倡导理论”（也叫信奉理论），一类是内隐的“应用理论”。教育证明，教师所学的倡导理论，不一定都成为教师改善教学行为的自觉行为，而教师内隐的应用理论随时随地以无意识的方式影响着教师的教学行为。如果教师内隐的应用理论是先进的，这就有助于促进学生创新精神和创新能力的培养，反之，将阻碍学生创新精神和创新能力的培养。然而，教师内隐的应用理论，往往是教师个人在自己长期的教学教育中形成的某种教学观念的假设，带有鲜明的情景色彩，因而往往不具备普遍的指导意义。而外显的倡导理论是具有时代色彩和开拓创新理论，具有普遍的指导意义。因此，即使内隐的应用理念是进步的，也需要借助外显的倡导理论来发展它，使之不断得到科学的调整和应用。其实，外显的倡导理论与内隐的应用理论之间不存在不可逾越的鸿沟，外显的理论完全可以借助课堂教学反思性评价教育活动转化为内隐的应用理论，使之个性化、具体化，从而对教师创新教学教育产生积极的影响。两类教学理论的转化过程为外显的倡导理论，内隐的应用理论。可以说，课堂教学反思性评价，是沟通教师外显的倡导理论与内隐的应用理论的桥梁，也是提高教师教育教学理论素养的有效途径。

由课堂教学反思性评价而产生的教育智慧是对教学理论的超越，它渗透在教学理论的具体应用之中，将理性原则的普遍性与经验感觉的特殊性有机结合在一起，使教学理论得以情境化和具体化。

（四）它有利于提升教改及创新教育活动的水平

当今世界各国教育改革，以创新教育为焦点和核心，已成为趋势和潮流。为了顺应世界教育改革发展趋势，迎接知识经济的挑战，我国基础教育界也开展了以培养学生创新精神和创新能力为取向的创新教育研究与实践。面对新课程新教材，面对课堂教学改革，面对创新教育过程中的困惑，我们有太多的问题需要探讨、反思、评价和交流。在创新教育活动中，教师的积极参与的热情，强烈的主体意识，是一笔不可估量的财富，他们在课堂中的反思性教学评价，主要指向三个方面：

第一，对教学目标的反思与评价。教学目标是一节课的灵魂，新课程倡导课堂教学目标的多元与整合，一个值得我思考的问题是，在课堂上我们应该怎样恰当地把握目标？我们还在追求目标多元的同时，如何落实好学生必须掌握的知识与技能？在积极倡导让学生经历过程、感情体验的同时，如何恰当地研究、把握好体验、感悟的程序与要求？……如果教师在目标定位上偏高，将全部希望寄托于学生的发现，而不肯轻易地做知识化的提炼，反而影响了教学效果；若教师在目标上把握布点过多，试图将整个课程追求的目标，全部体现在一节课的教学中，致使某些目标的清晰度和深度不够，特别是在知识技能的目标上，过于淡化，使学生的认知结构出现断痕。无疑，恰当地把握目标仍然是课堂教学的关键。

第二，对教材内容的反思与评价。随着新课标新教材实验的日益深入，教师们对新教材的模糊认识与神秘感逐渐消失，正以客观严谨的态度在审视新教材，实践新教材，并形成了自己的看法。例如，有小学数学实验教师质疑：将估算内容编排在“两位数乘一位数”的教学单元中，是否能真正让学生感受到估算的意义与价值？在这种知识背景下，估算是否体现出它的必要性？又如，在学生尚未学习分数的意义、不知道分数单位等知识前，安排了《分数的简单计算》，教学目标又该如何把握？教师在处理教材时有什么要求？……对教材内容的反思与评价，一方面反映了教师对教材完善性的追求，但更为重要的是，它表明了教师们的教学实践过程，正是一个不断生成问题又解决问题的过程，是一个从“无序”走向“有序”的过程，也是教师们不断发现、不断探讨、不断创新的过程。

第三，对教学方法的反思与评价。“教学有法，教无定法，贵在得法。”随着课程改革的深入发展，教与学的方式正在发生着越来越多的变化，关注过程、关注生成的课堂教学，对我们教师提出了许多新的要求，需要教师掌握更高专业技术和专业能力。教师们面对新课程新教材新要求，对教学方法的反思与评价，需要研究和解决的问题有：怎样取舍教材与目标？怎样营造宽松氛围，组织有效的合作学习？如何调控活动形势与进程，提高活动质量？怎样恰当地把握时机提升学生经验，充分发挥主体意识？如何正确地判断，并利用课堂中生成的资源进行有效教学？……这些都关乎教师自身的专业发挥、价值取向和教法选择。

“我今天向老师提了一个问题，老师没有回答出来！”在以色列，孩子回到家这样说，家长马上喜形于色，给予表扬，认为自己的孩子行，会动脑子，敢提问题，居然把老师都难住了，同时也反映了老师允许并喜欢学生提问题，学校课程中也有这种观念、气氛。要是我们中国的家长，恐怕第一个条件反射就是小家伙得罪老师了，以后有麻烦了！这就是两种不同的教育理念、教学方法在对学生提问上的不同态度。其实问题是思维、学习、研究、开拓、创新的起点，独立地观察、提出、分析、解决问题，正是积极而富有成效的思维活动全过程。问题、思维、创造，在相当大程度上是同步推进的。诺贝尔奖获得者杨振宁先生说，他在美国芝加哥读研究生时的导师，氢弹之父泰勒的思想，就像雷达的天线一样，向四面八方延伸，每天都要提出不少问题。正是在问题与思考的不断反复、长期的良性循环之中，使人的认识逐步深入，量的积累引起质的飞跃即开拓创新。反思与评价是创新的起点，课堂教学反思性评价的过程，往往要经历“假设——不断试证（含反思与评价）——不断纠错（含总结提升）——确证真知”的过程，这里既是一个从发现问题、分析（思考）问题，到解决问题的循环往复的过程，也是一个教师教育智慧不断积累的过程，更是教师不断开拓创新的过程。

创造性地设计教学程序，目的是为了更有效地完成教学目标，使教学过程更加优化，增大教学效益。一般来说，教学设计中的创新，主要包括：①教学内容组织的创新（例如，以不同的材料作为“先行组织者”；对教材内容的构建以重组；对例题习题的改造与扩充等，均是在原有基础上的创新）。②教学模式构建与创新。③教学组织形式上的创新。④教育技术上的创新（表现为多媒体的合理组合，课件编制更富创意等）。值得强调的是，教师的创新不仅能体现在教学设计的“外部产品”上，而且更重要的在于这种榜样式的创新意识，能够更有机会渗透在课堂教学反思性评价活动过程中，给学生以潜移默化的熏陶，从而达到培养学生创新意识之目的。

“众里寻他千百度”，我们要追寻什么？我们为何求索？我们思考生活化与信息化的最佳结合，我们思索基础性与发展性的最佳结合点。我们追求在确保必要的知识技能掌握的同时，能更好地促进学生个性的充分发展，我们寻思如何实现继承与改革，“扬”与“弃”的完美融合……“蓦然回首，那人却在灯火阑珊处”。这是一种美好的境界，学习不仅仅意味着人的精力耗损，还有孜孜追求的充实和成功喜悦的体验。如果带着对历史和对人生的思索来教学，那么教改、创新教育和创新学习就是精彩的。

参考文献

［1］王春光.教育均衡发展理论与实践［M］.长春：吉林出版集团股份有限公司，2008：11–22.

［2］吴德芳.论教师的实践智慧［J］.教育理论与实践，2003（4）：33–35.

［3］叶澜等.教师角色与教师发展新探［M］.北京：教育科学出版社，2001：26–27.

梅州市中小学劳动教育现状及展望

2015年7月，教育部、共青团中央、全国少工委联合发布《关于加强中小学劳动教育的意见》（以下简称意见）。《意见》指出，加强对中小学生的劳动教育，对于推进教育现代化、实现中华民族伟大复兴的中国梦具有重大的现实意义。2016年9月，《中国学生发展核心素养》总体框架正式发布，劳动素养也是其中的重要内容。在此背景下，劳动教育也越来越受人们的关注与重视。然而，目前对中小学劳动教育研究尚缺乏比较系统的梳理和反思。

一、梅州中小学基本情况与劳动课开设现状

截止到2017年底，梅州现有人口550.11万人，到2018年学年初有学校1525所，其中有高中63所，初中167所，小学450所，全市在校学生773012名，其中中小学学生587980名；有专任教师52756人，其中中小学教师42317人。目前全市所有中小学均无开设劳动课，部分学校开设了综合实践活动课和通用技术课，但真正开展实践活动的学校为数不多，梅县区外国语学校、兴宁市龙田中学、平远县第三小学、丰顺县汤坑镇第一中小学等学校开展科技活动，并取得一些成绩。

二、梅州市中小学劳动教育回顾

20世纪50年代中期至1966年，受苏联影响，我市在中小学开设了

劳动课，一般每周两节，并在每学期中间安排各一周的农忙假，在农村农忙季节，农村的孩子都回到农村生产队帮忙干农活。1978—1988年，梅州的高中由于受高考的影响，取消一学期一周的农忙假，但初中、小学的农忙假仍存在。1998年前后，梅州初中、小学逐步取消了农忙假，到2004年全市的中小学劳动课在课程表中消失。但根据《意见》要求，将国家规定的综合实践活动课程、通用技术课程作为实施劳动教育的重要渠道，开足开好。

三、梅州市中小学劳动教育的主要形式

1. 开展校内劳动

梅州市中小学都能在学校日常运行中渗透劳动教育，积极组织学生参与校园卫生保洁和绿化美化，组织师生在校园内种植花草树木。学校按班级划分校园卫生保洁区域，并让班级、学生认领绿植，负责浇水施肥除草，予以精心呵护。各中小学开设课外与劳动有关兴趣小组、社团、俱乐部活动，进行手工制作、电器维修、班务整理、勤工俭学等实践活动。在1966年至1990年，许多学校在学校周边开垦农地，养殖牲畜，学生的校内劳动内容有种植作物、浇地、施肥、喂猪等。目前许多中学的学生在学校的大型活动如运动会、科技节、开放周、家长会期间担任志愿者，做保卫、保洁、向导等工作。

2. 组织校外劳动

梅州市中小学组织学生在每年的寒暑假到农村参加农业劳动（如收割水稻、插秧、放牛、晒谷等），城市的学生自发到商店做暑期工，如到麦当劳、肯德基做小时工，有的到工厂进行工业体验。有些父母带小孩到风景名胜地进行研学旅行。有些城镇学校组织学生参加公益劳动与志愿者服务，如梅州城区中学组织学生到百岁山清洁道路，到梅州市福利院慰问老人和残疾孩子。

3. 鼓励家务劳动

梅州中小学在日常教学中教育学生自己事情自己做，家里的事情帮着做，寄宿学校学生要参加宿舍、教室和公共区域卫生值日活动。学校教育学生回家要做力所能及的家务劳动，如洗碗、洗衣、扫地、整理杂物等。学校通过家长会、学校开放周等，老师用微信、手机短信（家校通）密切联系家长，转变家长对孩子参与劳动的观念，让家长了解劳动在孩子学习、生活和未来长远发展中的积极意义和作用，让家长成为孩子家务劳动的指导者和协助者，形成劳动教育的合力。

四、梅州中小学劳动教育的存在问题

《关于加强中小学劳动教育的意见》明确要求学校要建立学生劳动评价制度，评价内容包括参加劳动次数、劳动态度、实际操作、劳动成果等方面，具体劳动情况和相关事实材料记入学生综合素质档案，并作为升学、评优的重要参考。但时至今日，梅州在劳动教育工作的推进方面并无明显进展，各学校尤其是城市中小学校，在加强劳动教育方面仍然缺乏创新，已开展的劳动教育从效果上来说也并不令人满意。

1. 学校对学生参与劳动实践的统筹力度不够

许多学校因为对学生参与劳动实践的必要性和重要性认识不足，所以至今未将“劳动实践”纳入学校常规工作予以统筹安排（所谓的劳技课，大都早已沦落为“室内课”“鸡肋课”）。此种情况下，学生所面临的劳动实践类作业，大部分都是自己的班主任或其他任课老师布置的，这种由班主任或其他任课老师“各自为政”的作业，难免会出现随意性比较强、难易度不合理、作业内容不统一、实施效果难以评估等问题，这实际上在无形中为学生参与劳动实践制造了障碍。所以，对于学生的劳动实践，各学校一定要提高认识、加强统筹、统一安排，最理想的做法是，根据《意见》精神确定合理的周课时数或月课时数，然后以年级为单位，根据本年级学生的整体情况，统一筹划、统一安排、统一实施，并尽可能地让劳动实践的内容丰富一些，形式新颖一些，以激发学生参与劳动实践的热情和积极性。同时，应该建立起一套科学合理的、专门针对学生劳动实践的评价机制，以保证学生参与劳动实践的深度和广度。

2. 街道和社区未能为城镇学生参与劳动实践提供足够的岗位

城镇家长所能够提供给孩子的劳动实践机会非常有限，对城镇孩子进行劳动教育，离不开街道、社区的大力支持与配合。就当前的情况而言，街道和社区并不是没有为学生提供劳动实践的机会与岗位的能力，而是这方面的意识比较淡薄，工作不够主动。而学校出于安全等多方面的考虑，缺乏联系街道和社区的积极性，这就导致了街道、社区与学校的沟通不畅、难以形成有效的劳动教育合力。

3. 部分农村孩子很少参加劳动

虽然农村地多、山多，可以劳动的地方多，有一部分学生平常能做家务，寒暑假也能参加农业劳动。但由于部分长辈育子观念滞后，且普通家庭子女较少、学生中独生子女占比多，家长对培养孩子劳动能力的观念淡薄，没有培养孩子劳动的意愿，总觉得孩子平时在学校读书很辛苦，放假期间应该让孩子好好休息。部分学生在家里很少参加家务劳动，寒暑假也没有参加农业劳动。

五、完善梅州中小学劳动教育的保障机制

1. 加强统筹协调

将来要加强对劳动教育的领导，明确各学校是劳动教育责任主体，各县（市、区）教育局是劳动教育的负责机构，加强县级统筹，确保劳动教育的时间、师资、经费、场地、设备等落实到位。加强校内统筹，既要发挥班主任、任课教师的积极性，也要发挥共青团、少先队、学生会的作用。加强校外协调，积极借助家庭、社会的力量，共同关心支持劳动教育。适时启动劳动教育实验学校的创建工作。

2. 加强师资建设

各县（市、区）教育局是当地劳动教育的主体和负责部门，要采取有效措施，在工资待遇、绩效考核、职称评聘、评优选先、骨干教师培养等方面，对劳动教育教师同等对待，保持劳动教育教师队伍的稳定与发展。积极探索建立专兼职结合的劳动教育教师队伍，广开渠道，开门办学，聘请能工巧匠、专业技术人员担任兼职教师。加强对劳动教育教师的专业培训，配备专兼职教研员，组织经常性的教研活动，开展教学竞赛，促进劳动教育教师专业化，不断提高劳动教育教学质量。

3. 加强资源开发

全市中小学要因地制宜，加强劳动教育场地或实践基地的建设，也可以县为单位建立劳动教育实践基地，满足劳动教育需要。农村学校要积极争取当地政府和有关部门支持，安排相应的土地、山林、草场或水面作为学农实践的基地。城镇地区要统筹建立劳动教育实践基地，或充分利用现有青少年校外活动场所、青少年宫和示范性综合实践基地开展劳动教育。要积极争取社会支持，充分利用学校布局调整中的闲置校舍和产业结构调整中的闲置厂房等社会资源， 建立工业生产、农业生产、财经贸易、商业服务等各行业劳动教育实践基地。有条件的学校可建设专门的劳动与技术教育教室，配置相应设备和所需耗材。

4. 加强督导评价

建议各县（市、区）教育局教育督导部门要开展劳动教育督导，将学校劳动教育实施情况纳入中小学责任督学挂牌督导内容。学校要建立学生劳动评价制度，评价内容包括参加劳动次数、劳动态度、实际操作、劳动成果等方面，具体劳动情况和相关事实材料记入学生综合素质档案， 并作为升学、评优的重要参考。各县（市、区）教育局、 共青团组织和少工委要加强引导， 对劳动教育开展得好的地方和学校要及时宣传推广，营造劳动教育良好氛围。

2021年11月16日

中学综合实践活动课教学现状与策略的思考

由于中学综合实践课程活动没有可参考的课程模式、教材教辅、评价标准等教学依据。所以，在中学综合实践活动课程的实施过程中，难免导致教师对此课程活动的理解出现偏差或者误解，不仅没有建立系统化和科学化的教师指导方法，而且没有唤起学生主动参加实践的意愿，这在无形之中增加了综合实践课程活动施展的难度。在新课改背景影响下，中学综合实践课程活动根植学生的个体性和主体性，为了便于广大教师深入理解中学综合实践课程活动的本质内涵。

一、中学综合实践活动的特点

“综合实践活动”是现代教育中个性、体验、反思内容的统称，与传统教育追求的知识教育与共性教育不同，综合实践活动认为学生是学习时间与空间的主导者，活动的顺利开展要建立在学生具有相对独立的学习生态化空间的基础上，学生应具备综合实践活动实施过程中的支配权与主导权，活动的推行需要学生找到以自我为中心、以团队为中心的平衡点，而不是在活动中扮演被指导者与聆听者的角色。中学综合实践活动主要包含以下特点：

1. 综合性

在综合实践活动中，任何一个主题都需要整合个人、社会、自然等因素，包含科学、艺术与道德等，学生需要从生活发现问题，升华为活动的主题，用多学科跨学科的知识通过探究、服务、制作、体验等方式，提出解决问题的方法与措施。

2. 实践性

与传统的理论教学不同，综合实践活动侧重于实践中的体验，以活动为载体促进学生发展，践行“手脑并用、知行合一”的教育思想。

3. 开放性

综合实践活动一方面面向全体学生，另一方面面向整个生活世界，这就决定了活动中学生往往会提出开放性的问题，而问题的答案并非唯一，学生只能依靠自身的探索去发现、寻找可能的答案。

4. 生成性

由于综合实践活动具有开放性的特点，在活动过程中，新的目标、问题、非预设性生成会激发学生创造的渴望，加深学生在实践活动中的认知与体验。

5. 自主性

受到建构主义理论的影响，综合实践活动强调学生的自主发挥，以学生的兴趣与现有经验为出发点，为学生提供更多选择、参与、评价、反思的机会。

二、中学综合实践活动自主学习的优化策略

1. 端正相关群体对综合实践活动课程的认识

综合实践活动作为一门特殊发展形态的课程，其课程教育理念、教育方法与教育价值与其他学科存在较大差别，为了确保相关群体对综合实践活动形成正确认知，为综合实践活动自主学习的顺利开展奠定基础，相关群体需要转变教育观念，充分认识到综合实践活动课程的特殊性。具体包括：理解综合实践活动的概念，并能够正确辨析、阐述与解释综合实践活动概念；通过概念分析之后，正确认识综合实践活动的课程本质，发现它与综合课程之间存在的本质差异；明确综合实践活动的教育

目标，坚持正确的教育理念，保证综合实践活动的开展不会偏离预期的教育目标。

2. 提高对综合实践活动课程的整合与开发力度

针对综合实践活动的整合与开发问题，相关教师要遵循其整体性特点进行教学设计，做到：在综合实践活动的设计中融合四大指定领域，通过主题融合的形式构建一个活动整体；促进指定领域与非指定领域的融合，如开设班团队活动，借助生活元素与信息技术，丰富综合实践活动的内容与形式；注重校内课程与校外资源的整合，加强学校与社会之间的联系，为学生打开通向社会的大门，鼓励学生在生活化的综合实践活动中积极探索与感悟。

3. 关注综合实践活动自主学习开展的过程与结果

实践性与生成性作为综合实践活动的主要特点，需要教师在活动开展的过程中落实，不是为了“活动”而“活动”，而是为了让学生在活动中获得更好的发展而活动。教师应摒弃急功近利的心态，尽可能多地设置开放性的综合实践活动，引领学生在自主活动中积极思考，鼓励学生发出不同的声音，让学生在综合实践活动中认识到知识的现实价值，在不断地发现与探究中逐步生成关键能力与必备品质，提升自主学习的能力。同时，为了避免综合实践活动的开展流于形式，教师要清晰地认识到综合实践活动的性质、目的、要求，避免因为认识上的偏差而造成活动无法有效开展。

4. 建立完善的综合实践活动自主学习管理制度与评价体系

完善的管理制度与科学合理的评价体系是综合实践活动有效开展的有力保障，若是管理制度不完善，该课程将会形同虚设，若是评价体系不完善，综合实践活动的实施效果将无法达到预期的目标。因此，我们要关注管理制度与评价体系的完善，做到：建立专门的管理部门，结合学校实际情况、课程标准要求与学情制定管理制度，建立考核制度，丰富教师的考核内容，以此激励教师的工作积极性，管理制度的建立还应有助于教师与教师团队的发展；寻求多元化的评价机制，建立多元主体评价模式，完善综合实践活动自主学习的评价内容，关注学生在综合实践活动中各方面的表现，以过程性评价与终结性评价相融合的方式对学生的综合实践活动自主学习表现进行全面、整体性评价，助力学生综合素养发展。

素质教育越来越彰显其重要性，随着全球一体化趋势的显现，各国对人才的创新性能力培养越来越重视。我国中学生的理论知识掌握较扎实，但是他们的探究能力和创造力较薄弱，这就是因为长期以来我国教育只关注学生的考试成绩而造成的。所以，实践课程活动将会成为我国未来教育事业的主要关注方向。广大教师要及时扭转自己的教育观念，针对实践课程教育模式中的缺陷进行及早发现和完善，一切从学生的根本立场出发制定因材施教的教学策略，以便培养更多有理想、有文化、有知识的创新型人才。

参考文献

[1] 张杨.初中综合实践活动课教学的创新实践［J］.科学咨询（科技·管理），2020（11）：273-274.

[2] 陈默.浅析如何有效引导学生上好初中综合实践活动课［J］.华夏教师，2020（9）：22-23.

综合实践活动现状及思考

——以广东梅州为例

一、综合实践活动课程现状

综合实践活动课程是基础教育课程改革新规定的课程领域，是我国基础教育课程体系的结构性突破。综合实践活动课程对学校、教师、学生而言，是一门全新的课程形态，它的实施需要发挥学校、教师和学生几方面的主动性和创造性。

（一）课程开设不太理想

梅州自2004年起实施新课程，很多学校接受了新课程理念，开设了综合实践课程，大多与学科结合。2007年广东省示范性高中评估以来，10所重点高中相继开设了综合实践活动课程，并指定了专门的老师负责此项课程。但这些学校通过广东省国家级示范性评估后，综合实践课程就不再开设了，学校的领导担心开设此课程会影响高考学科的学习。自省政府免费提供综合实践课程学习资源以后，在梅州的各县（市、区）城区的小学里开设了综合实践课程，但大多数的学校没有完善的教学计划和充足的活动经费。

（二）学校对综合实践活动课程认识不足

目前，相当一部分学校领导和教师对该课程的开设目的和意义没有一个正确的认识。如有相当部分的教师认为没必要开设此课程，在较大比例的教师认为此课程是经济发达地区的学校才能开设。而从有关课程目的的调查来看，梅州学校的领导和教师对开设目的的认识存在较大偏差。主要体现在以下四个方面：

（1）被动的目的取向。有10%的领导和11.9%的教师认为，开设此课程是因为上级有要求。

（2）功利的目的取向。有11.7%的领导和16.9%的教师认为，开设此课程是因为学生或许能在活动中获奖，将有利于学生跨入大学的校门，提高升学率。

（3）消极的目的取向。有58.3%的领导和38.1%的教师认为，开设此课程会影响升学率而产生抵触情绪。山区的教师、家长、学生认为学校的最大任务是升学，而对于学生长大以后的发展潜力则很少顾及。

（4）陈旧的目的取向。有8.3%的领导和38.1%的教师认为，开设此课程能促进各学科课程的教学，把综合实践活动课程看作是各学科的拓展与延伸。

（三）综合实践活动课程师资配备不甚理想

1. 师资配备情况

在全市67所高中里，各科教师合作协同指导活动的只有2所。在参与活动的教师中，只有9.3%的教师认为自己可以胜任指导工作，有32.1%的教师认为自己对指导工作感到力不从心，有58.6%的教师认为自己的指导能力有待提高。可见，对指导教师的专门培训势在必行且刻不容缓。在调查过程中通过与部分教师的访谈，了解到教师的实际培训情况令人担忧。在梅州的教师中只有不到30人参加综合实践活动课程培训。

2. 学生对教师的满意程度

在调查中，有12.8%的学生表示对指导教师“满意”，33.0%的学生表示“较满意”，54.2%的学生表示“不满意”，可以说从侧面反映了教师的指导能力差强人意。而随后的调查显示，学生对指导教师普遍感到满意的理由是："态度可嘉，有问必答""认真负责，全程指导学生"等。这表明学生和教师都没有从传授式的教学观念中转变过来，显然违背了综合实践课程的内涵。

（四）梅州学校在实施综合实践活动的过程中存在较多困难

综合实践活动课程对学校、教师、学生而言，是一门全新的课程，它的开发和实施过程中必然存在困难和问题，对问题的了解是为解决问题、促进课程的开设和普及做准备。无论是学校、教师、学生均认为学校的最大任务是升学，升学始终是普通中小学的领导、教师、学生乃至学生家长所关心的，学校、家长一贯认为，学生能考上好的大学是对他本人以及家庭的最好回报，而对于学生长大以后的发展潜力则很少顾及，旨在培养、提高学生综合能力的综合实践能力课程首先遭到这种不利因素的影响。其次，梅州的学校领导认为，综合实践活动课程是要开设的，但也不可能投入太多的精力与资金。目前，很多山区学校的教育经费短缺，根本不可能投入太多的资金来开设综合实践活动课程。

二、思考与建议

在梅州实施综合实践活动课程的现实情境、条件与课程理想差异甚大，影响因素复杂多样，缺乏必要的保障，以致难于实施。就目前梅州的教育现状而言，为保障综合实践活动课程的有效实施，应加强如下几个方面。

（1）加强教师培训。这是综合实践活动课程有效实施的关键，具体培训方式有：聘请专家学者讲座，更新教师的教育观念，挖掘教师的课程开发能力。组织教师认真学习课程的相关资料，深刻领会课程精神内涵。定期举行各种研讨会，互相学习交流经验，吸取教训。通过实施中的案例分析，探索指导学生开展活动的策略，提高教师的指导水平。

（2）加强专业指导。根据综合实践活动课程的独特性质，国家有必要建立一支专业的综合实践活动指导专家队伍。为了确保课程的有效实施，要有专门的部门对活动实施进行管理，各县（市、区）教研室要有专人负责综合实践活动课程。

（3）更新学校领导的教育理念。学校领导的远见、推动力、决策一致性、优先安排都是促使教师成功实施课程创新的重要因素，即使有专业教师、专业指导，没有学校领导的关心与支持，综合实践活动课程的实施也只能是一种空想，所以，学校领导要重视和支持活动课程的实施。

（4）创新学校的各种制度。梅州学校要根据地方和本校的实际情况，制定必要的规章制度，以保证课程的有效实施。如计算教师工作量制度（提高教师积极性）、校内设施设备使用制度（保证有限设备的充分使用）、优秀学生的表彰制度（激发学生的兴趣）、活动项目经费保障制度等。

（5）营造团结、协作的氛围。学校要加强各学科教师之间的联系与合作，倡导协同教学、合作学习，同时发挥学校在组织、统筹、协调上的作用。

（6）合理组织活动。学校可以将综合实践活动课程看作校本课程开发或学校课程改革的重要内容，吸引教师参与，加强行政保证。学校可根据当地实际，利用丰富、有特色的课程资源，成立课题组，联合学校相关教师，通过研究课题将教师、学生、家长联合起来，共同参与课题研究。

（7）教育行政部门要出台相关政策与措施推动综合实践活动课程的实施，如组织各类比赛，对没有实施课程的学校给予相应处罚，对实施得好的学校给予一定奖励。

参考文献

[1] 肖金良.综合实践活动课程框架下小学劳动与技术教育的现状及其思考[J].新课程研究（基础教育），2010（6）：126–130.

[2] 陈敏.对城乡结合学校初中综合实践活动课程实施的思考——基

于广东省广州增城市第二中学综合实践能力培养现状调查分析［J］.新课程研究（基础教育），2012（1）：70–72.

［3］戴相斌.国际化背景下在华留学生社会实践教育现状与思考——以广东高校为例［J］.安康学院院报，2015（1）：105–107.

［4］杨发仁.新课改下高中综合实践活动课程现状的思考［J］.都市家教，2011（9）：171.

小学生科学素养的培养

据相关数据显示，2010年我国公民的科学素养水平达到3.27%，而加拿大的公众科学素养早在1989年就已达到4%，欧盟的公众科学素养水平在1992年达到5%，美国具备科学素养的公民比例于2007年达到25%，和发达国家相比，我国的公众科学素养水平较低，公民对科学知识的了解程度较低，缺乏对科学研究过程与方法的掌握，关于科学技术对社会影响的了解更是严重不足。公众科学素养水平低的一个重要原因是小学阶段科学素养教育的缺失，小学生科学素养的培养，逐渐引起社会的关注。

一、关于小学生科学素养培养的问题

1. 教师专业素质不足，缺乏对小学生科学素养培养的重视

受历史与现实等原因影响，我国的小学教师多是师范专业毕业，科学素养相对较为薄弱，尽管部分教师通过再学习的方式不断提升自己的科学素养，但仍与教育内容和科学素养的标准存在差距。教师的科学素养不足，导致学校对小学生科学素养的教学质量难以提高。此外，教师缺乏对小学生科学素养培养的重视，小学的科学课程通常由其他科目教师代教，科学课成了某些教师补充课程量的课程。教师在进行课程教学前未能做到认真备课，教学过程中通常只是照本宣科，过分注重某些知识点，未能实现课本内容与现实相结合的目标，未能在传授知识的同时提高学生的科学能力。

2. 教学方法陈旧，教学质量难以提高

部分科学课教师在进行教学的课程中，教学方法过于陈旧，难以引起学生的兴趣，导致教学质量难以提高。教师未能按照学生的兴趣，结合现实生活中的实例进行科学教学，导致学生对枯燥的科学知识难以提起注意力，不利于学生科学能力的提高。教师在教学过程中与学生缺乏互动，教师未能对学生的学习情况有一个较为详细的了解，对学生学习科学知识的难点认识不足，导致未能根据学生的学习情况改进教学方式，也未能对学生学习的难点进行详细的讲解，学生对学习科学知识逐渐感到吃力，从而失去学习的兴趣。此外，教师在教学过程中，缺乏相应的实践活动，如相关的实验活动、课外活动等，导致学生科学实践能力的不足。

3. 小学生培养自身科学素养的意识不足

小学生在学习科学课程的过程中，缺乏培养自身科学素养的意识。由于受应试教育的影响，小学生为了升学通常会过于注重对语文、数学等主要科目的学习，而忽视了对科学课程的学习。学生在日常生活中，也未能进行大量相关的科学阅读，所学的科学知识难以得到拓展，学生深入思考的能力难以得到培养。此外，学生在学习科学的过程中，过于相信和服从教师，完全按照教师布置的任务进行实验，认为教师和课本说错了就一定错了，缺乏自己思考的能力，缺乏对科学采取一种质疑的态度。

二、提高小学生科学素养的方法

1. 加强教师专业素质的培养，提高对小学生科学素养培养的重视

学校应首先提高对小学生科学素养培养的重视，教师和学生对科学素养培养的态度才会转变。学校应通过制订相应的教学工作计划，将提高教师的科学素养纳入学校的教学计划中。通过让教师参加相关的教育讲座、观看教育视频、组织教师参加科学知识竞赛等活动，不断提高教师的科学素养。学校同时提高对科学课程教学的重视，安排专任的科学课教师进行教学，并制定统一的教学标准与评价体系，提高教师对科学课程教学的重视，在课堂教学过程中能够做到充分备课，对科学知识进行全面的讲解，从而不断提高学生的科学素养。

2. 教师不断改善教学方式，提高教学质量

教师在进行科学课教学的过程中，应注意结合学生的兴趣点，联系现实生活，不断改善教学方式，从而提升教学质量。教师在课堂教学中应注重与学生的互动，可通过情境设置、教师提问、小组讨论等方式，不断活跃课堂气氛，使学生能够更好地融入课堂教学过程中，提升教学的质量。教师应及时了解学生学习科学知识的情况，针对学生学习的难点做到及时的讲解，从而帮助学生解除疑惑，让所学知识能够做到贯彻了解。此外，教师在进行科学课教学过程中，可开展相关的实验活动或课外教学活动，使学生在学习过程中获得一定的乐趣，并加深对所学科学知识的理解。

3. 注重利用课外活动提高学生的科学素养

由于应试教育的影响，学生在课堂学习科学的时间有限，因此学校与教师可通过课外活动提高学生的科学素养。如学校可大量订购相关的科普书和科普杂志，提倡学生看科普书和科普杂志，学生在不断阅读的过程中逐渐培养自身的思考能力，提高自身的科学素养。学校可以通过出黑板报、办科技周、举行科学竞赛等活动形式，使学生在积极参与活动的过程中不断加强对自身科学素养的培养。此外教师还可以注重对学生相关兴趣的培养，如部分学生对某些野生动植物的研究感兴趣，教师可引导学生通过查阅资料、观察、实验等方式进行研究，在培养学生兴趣的同时，提高学生的科学素养。

三、结语

在当前的社会中，提高公众的科学素养刻不容缓，而提高公众科学素养的关键是对小学生科学素养的培养。针对小学科学教育中存在的教师专业素质不足，缺乏对小学生科学素养培养的重视，教学方法陈旧，教学质量难以提高，小学生培养自身科学素养的意识不足等问题，学校应注重加强教师专业素质的培养，提高对小学生科学素养培养的重视，教师不断改善教学方式，提高教学质量，学校和教师注重利用课外活动提高学生的科学素养等，小学生的科学素养逐渐得到提高，从而不断提高公众的科学素养。

参考文献

［1］于海洪，马淑杰，宋北荒. 小学生科学素养培养策略与实践探索［J］.长江师范学院学报，2014，9（3）：119–123.

［2］刘雪梅.学科知识教学与培养小学生科学素养实验研究［J］.中国校外教育，2011，11（3）：59–60.

［3］张叶洋.在信息技术实践活动中培养小学生的科学素养［J］.中国现代教育装备，2015，9（4）：43–45.

第三辑

课题研究

山区高中综合实践活动课程教学方法与模式创新结题申请书

结题有关事项说明

一、结题组织

1. 课题结题由课题主持人所在单位科研管理部门负责组织。

2. 每个课题的结题评审专家为3—5人，副高级以上职称。课题组成员包括顾问不能担任本课题结题专家；所在单位及其上级主管部门参与鉴定的专家不能超过三分之一。

3. 结题方式分为通讯结题和会议结题两种。一般课题原则上可以通讯结题，重点课题必须会议结题。

4. 课题组提供的结题材料，应包括结题申请书、研究主报告、研究成果主件、必要的附件及课题立项通知书复印件、开题报告书以及专家组意见等。上述材料应在结题会前两个星期提交给评审专家审阅。

5. 评审专家在认真通读研究成果的基础上，对照课题申请书预期达到的目标，实事求是地对成果提出客观、公正、全面的结题意见。

二、结题验收

1. 对所属应结题课题按要求组织完结题后，所在单位负责部门要统一将各课题结题申请书一式一份（纸质原件）及成果材料（研究报告、论文等做成电子版存CD光盘一张，纸质版不上交；如是正式发表的论文，请扫描杂志封面、目录页和正文页存电子版；如有出版的专著，请附原书一本）报省教育研究院。

2. 省教研院办公室对各课题结题材料及结题程序、结题意见予以审核，形成审核意见并报省教研院学术委员会审批。

一、基本情况

课题名称	山区高中综合实践活动课程教学方法与模式创新				
课题主持人	郑建河	工作单位	梅州市教师发展中心		
联系地址	广东省梅州市梅江区江南教育路5号	邮编	514021	电话	手机：13825917743 办公：0753-2180887
原定研究起止时间	2019年6月至2021年4月	原定研究成果形式	论文　研究报告		
实际完成时间	2021年4月	申请结题时间	2021年5月		
结题方式	通讯结题（　　）　　会议结题（√）				
主要研究人员姓名	单　　位		职务、职称	课题研究中所承担的工作	
郑建河	梅州市教师发展中心		中学高级	主持人	
余顺欢	广东梅县外国语学校		中学高级	教学实践	
王业康	广东梅县外国语学校		中学一级	教学实践	
张任新	广东梅县外国语学校		中学二级	教学实践	
何翠萍	广东梅县东山中学		中学高级	教学实践	

二、重要阶段性研究成果

成果名称	作者	形式	字数	完成年月	出版单位或发表刊物名称、刊号	获奖、转载、引用、应用情况
高中综合实践活动课程教学方法与模式创新	郑建河	论文	3124	2020年6月	《语文课内外》2020年第13期刊号CN51—1649/G4	
科创和STEM实践活动融入物理课堂的实施策略	余顺欢	论文	3400	2020年3月	《辅导员》CN11-1333/G4	
综合实践活动与中学物理教学整合的研究	余顺欢	论文	3300	2020年2月	《教育学文摘》CN11-5773/G4	
综合实践活动与中学物理教学整合的现状及分析	余顺欢	论文	3500	2019年9月	《新教育时代》CN12-9205/G4	
欠发达地区科技教育的实施策略	余顺欢	论文	3100	2019年8月	《中国教工》CN11-2959/G4	
依托综合实践活动课程助力高中德育教育工作	余顺欢	论文	3600	2019年6月	《中国教工》CN11-2959/G4	
物理课堂与德育实践活动的整合	张任新	论文	3400	2019年9月	《新教育时代》CN12-9205/G4	
初中物理与综合实践教学资源整合的有效途径	张任新	论文	3200	2019年11月	《教育》ISSN 1671-5624，CN 50-9214/G	

续 表

成果名称	作者	形式	字数	完成年月	出版单位或发表刊物名称、刊号	获奖、转载、引用、应用情况
浅析物理综合实践活动教学策略	张任新	论文	3194	2020年7月	《教育》ISSN 1671-5624，CN 50-9214/G	
家史在高中历史教学中的应用研究	何翠萍	教学成果一等奖	1000000	2020年8月	梅州市教育局	
终期研究成果名称、内容、理论价值、应用价值等	1.课题研究成果 （1）梅州市综合实践活动教学案例集 （2）梅州市综合实践活动优秀论文集 （3）发表论文《高中综合实践活动课程教学方法与模式创新》等9篇 （4）市教学成果奖1项 2.内容 （1）首先对我市综合实践活动开设的现状进行调查、分析和研究；对我市综合实践活动教师进行相关的问卷调查 （2）提升中学综合实践活动有效性的教学策略 （3）新课程标准理念下的综合实践活动教学模式，学生在教师的引导下，应用已有的知识和技能，充当新知识的探索者和发现者的角色，通过自己设计方案进行操作，探究去探索问题和解决问题的一种教学模式，其基本结构为问题，实验事实，结果应用 3.理论价值 理论意义从理论层面上，本课题必须解决在现实条件下，如何开发课程资源的问题，如何提高中小学教师的教学创新能力，如何兼顾综合实践活动和安全教育，如何进行实施综合实践活动的制度创新。这些理论问题的解决对综合实践活动课程的实施具有重要的意义					

续表

终期研究成果名称、内容、理论价值、应用价值等	4.应用价值 从实践层面上，通过本课题的研究，设计和组织一批和山区实际相适应的，有价值的综合实践教学方法与模式。分析梅州中小学实施综合实践活动课存在的困难，有利条件和不利条件，提出相应对策和措施。做好师资培训，制定具有可操作性的综合实践活动课程实施管理办法。这些方面的研究成果，具有应用推广的价值 总之，本课题具有非常重要的理论意义和应用价值，本课题的研究可以推动本地新课程改革的深化，为培养创新型人才打下坚实的基础 5.社会影响 师生在综合实践活动实施和开展中，师生研制创新的相关教具、实验仪器频频获奖，受到新华网、南方日报、羊城晚报、梅州日报、梅县电视台等媒体的报道。老师方面：课题组成员余顺欢老师在2019年梅州市高中物理教师创新实验展示比赛中荣获特等奖；张任新、余顺欢老师在2019年梅州市初中物理教师创新实验展示比赛中荣获一等奖。 学生方面：辅导卓鸿邦《智能自适应爬壁机器人》获得广东省一等奖、国家专家申请奖、广东省科协主席奖等；辅导高中生温兰《电动机原理演示器》获省一等奖；辅导罗燚丹《焦耳定律演示器》获市二等奖；辅导初中生余家敏《新型重力势能演示器》获市二等奖等等 综合实践活动与中学物理教学的整合研究取得了一些成果，受到了媒体的关注和报道，也引起了兄弟学校和高校的关注，纷纷派领导和骨干教师前来学习、观摩和跟岗。梅县区高级中学、梅县区丙村中学、梅江区梅州中学等学校前来观摩和学习。2019年粤东西北省培项目——乡村中小学实验教师专项培训（初中物理）前来跟岗和学习一天

三、审核意见

1.课题主持人所在单位意见（成果质量是否达到鉴定要求；课题管理和经费使用是否符合规定；鉴定所需经费是否有保证）： 是否同意申请鉴定：　是（　）　否（　） 单位盖章　　负责人（签字）： 年　月　日
2. 结题评审专家意见（拟研究的问题是否解决，研究目标是否实现，研究成果有何理论及应用价值，有何创新之处，尚存在哪些需要改进和进一步研究的地方）： （1）课题的研究问题初步完成 该课题组进行两年多的探索，在梅州高中学校进行综合实践活动课程教学方法与模式创新，为山区开展综合实践活动课程提供了一定的教学方法和模式，有推广意义，价值较大 （2）课题研究有一定的理论价值和应用价值 课题组引导教师从原有学科经验出发，建构起跨学科多学科的新课程实践，对通过新、旧知识经验的相互作用，来形成、丰富和调整自己的综合实践活动课程的模式，从实践中发现，边实践边调整，逐渐探索出一条山区综合实践活动教学模式。从实践层面上，通过本课题的研究，设计和组织一批和山区实际相适应的，有价值的综合实践教学方法与模式，可以推广到山区的其他地区，有较大的应用价值

续表

（3）课题研究有一定的创新

该课题的主要创新点是：一是结合新农村建设，进行了“我们村未来的健身休闲广场”等主题活动设计；二是培养教师综合实践活动课程的资源意识和教学创新；三是有利于培养学生全面发展

（4）课题达到了预期的目标

该课题研究经过全体成员的不断努力达到了预期的目标，形成了较好的科研成果和经验，有教学案例，有论文发表，还上了成果推广展示课

（5）意见和建议

希望课题组成员能够继续深入地学习和研究，把这次的研究经验进行进一步的推广

专家组一致认为，该课题研究完成了预定的研究目标，一致同意，通过对该课题的鉴定，同意结题

专家（签字）：

年　月　日

结题专家名单		
姓　名	工作单位	职务、职称

续 表

3. 省教育研究院学术委员会意见：   负责人（签字）： 年　　月　　日
4. 省教育研究院意见：   是否同意结题：　　是（　　）　　否（　　） 负责人（签字）： 年　　月　　日

山区高中综合实践活动课程教学方法与模式创新结题报告

本课题于2019年4月，由广东省教育研究院批准立项。课题编号是GDHY-2019-Z-b043。原计划用两年的时间完成研究任务。但因新冠肺炎疫情影响，课题负责人及主要课题组成员的教学工作受到一定影响，原计划研究时间也比较短，因此延期半年，经过两年半的研究与实践，已顺利完成各项研究任务，并取得良好的研究效果，现将课题组织课题批准立项以来，对该课题的研究作结题总报告。

一、课题的提出

综合实践活动是从学生的真实生活和发展需要出发，从生活情境中发现问题，转化为活动主题，通过探究服务，制作体验等方式，培养学生综合素质的跨学科实践性课程，综合实践活动是国家义务教育和普通高中课程方案规定的必修课程，以学科课程的设置，是基础教育课程体系的重要组成部分。

（一）选题的背景、意义

国内外研究现状述评如下。

1. 国内外“综合实践活动”的课程名称

20世纪90年代以来，美国、英国、澳大利亚、日本、挪威、法国等国和我国台湾地区在基础教育课程改革中，都注重开设综合实践活动类的课程，但这种课程在各国和地区的课程标准中的称谓各不相同。

（1）美国。在美国各州的课程标准中，没有统一的“综合实践活动”这一课程，但各州都设计了具体的、不同类型的综合实践性活动的课程，主要有：①自然与社会研究（studies of science，technology and society，即sts）；②设计学习（projector design learning，简称pdl）；③社会参与性学习（social participating learning）。

（2）英国、法国。英国国家课程标准关于综合实践课程的设计与美国各州中设计的综合实践类课程有相似之处，主要集中在社会研究（social studies）和设计学习（projector design learning）等方面。英国中小学的社会研究围绕公民的形成（becoming informed citizenship），以及突出的政治、精神、道德、社会或文化问题来设计实践和探究的主题。设计学习则主要包括综合艺术设计、信息与交流技术（information and communication technology）等。法国课程标准中设计了一类“综合学习”的课程，其基本规范表现在两个基本方面：一是综合学习需要跨两门或两门以上学科领域，要求综合运用多学科的知识和技能；二是综合学习的活动方式应是多样的，涉及接受、探究、应用等基本学习活动方式。

（3）日本。20世纪80年代以来，日本中小学课程中一直有一类课程：“特别活动”，它包括校传统活动、学生活动和班级指导活动三个方面。由于“特别活动”与社会现实生活的联系不够紧密，还不能完全满足学生发展的社会性需要，日本文部省在1998年12月和1999年3月颁布的《学习指导纲要》中增设了“综合学习时间”。“综合学习时间”的增设，使日本中小学课程结构由“必修学科”“道德”“特别活动”的三个板块变成了由“必修学科”“道德”“特别活动”和“综合学习时间”构成的四个板块。

（4）我国台湾地区。我国台湾地区于1994年颁布了新的《小学课程标准》和《中学课程标准》。新课程标准为小学、中学设计了多样化的综合实践活动类课程，课程标准中称之为“综合活动”，它主要包括以下几个方面：家政与生活科技活动；乡土艺术活动；辅导活动课程；团体活动。

2. 国内外综合实践活动课程的领域

西方发达国家和我国台湾地区所设计的综合实践活动课程所涉及的领域相当广泛，在活动领域方面体现了“综合”的特征。但“综合实践活动”并不意味着任何一项活动都面面俱到，“综合性”是相对的。国外和我国台湾地区设计的综合实践活动涉及的领域大致包括以下几个方面：

（1）主题探究或课题研究主体探究是以学生感兴趣的问题或主题为中心，遵循科学研究的最基本的规范和步骤，展开的研究性学习活动。课题研究学习与设计学习具有内在的联系，学生通过对有关问题的研究，提出解决问题的方案或策略，如关于环境保护方面的课题研究学习，学生一般都要提出解决有关环境保护的对策。主题探究所涉及的问题领域包括：自然现象或问题的研究，社会研究。

（2）社会实践学习

社会实践学习的基本特征是社会参与性，即学生作为社会成员参与到整个社会生活之中，参与到社会政治生活、经济生活、文化生活中去。其途径主要有社会服务活动、社会考察活动、社会公益活动等。

（3）生活学习

生活学习一直是国外中小学课程设计的基本领域之一，生活学习是与学生生活能力、适应能力相关联的实践性学习。在国外中小学课程设计与实施中，生活学习的领域包括以下两个方面：生活技能的训练活动，生活科技与创造活动。

3. 国内综合实践活动现状

综合实践活动课是新课程改革的最大亮点，本课题研究现状是，东部经济发达地区研究较广，中西部地区研究较少；在广东省内来看，经济发达的珠三角地区这方面研究较多，粤东西北地区研究偏少。

（1）对综合实践活动的研究热度逐年提升

2000—2002年是综合实践活动研究的起始阶段，此阶段对这一课程的关注度还较低，发表的图书和文献数量都较少。2003年以后，国内学者对综合实践活动的研究逐渐加深，发表的图书与文献资料数量逐年增加，而且每年都有关于这一课程的国际、国内研讨会召开。另外，关于综合实践活动的课题也得到国内学者越来越多的关注，课题的各阶段报告在查找到的相关文献资料中都有体现。基于这样的研究态势，国内学者们要继续保持对综合实践活动的研究热情，更加深入更加广泛地对这一课程进行研究。

（2）综合实践活动的理论研究与实践研究并重

综观检索到的图书与文献，可以看出关于综合实践活动的理论研究与实践研究都得到学者的关注，并且很多学术成果是理论研究与实践研究相融合的产物。关于综合实践活动的理论研究不再只是理论研究者的专属工作，很多基层学校的一线教师不仅重视对综合实践活动的实践研究，在实践的过程中也提高了对其理论研究的热情。基于这个研究特点，在今后的研究工作中，不但要保持对综合实践活动的理论探索，还要鼓励更多的研究者对这一课程进行实践研究，为理论研究提供更多的素材。

（3）地区经济状况决定综合实践活动的研究水平

在经济发达地区，对综合实践活动的重视程度普遍较高，这一课程的落实开展程度与实施水平也都较高，研究者们对这一地区综合实践活动的研究成果也较多。而在相对经济落后的地区，尤其是在农村地区，对综合实践活动这一课程的理解还有待深化，对这一课程的实施和开展还有待改善，实施窄化和实施低效的问题还普遍存在。基于这样的研究特点，加强对综合实践活动实施水平仍然薄弱地区的研究就显得格外重要。所以，在今后的研究工作中要增强对这些薄弱地区综合实践活动的研究，提高这些地区对综合实践活动的重视程度，为这些地区的综合实践活动发展提供更多的理论引领，让薄弱地区的学生在综合实践能力上有更好的发展。

（二）选题的背景

21世纪是知识经济时代，我国要提高自主创新能力，建设创新型国家，这就要求基础教育以培养创新精神和实践能力为重点，满足每个学生终身发展的需要，培养学生终身学习的愿望和能力。

综合实践活动课程是一门必修课，贯穿小学一年级到高中三年级的全过程，侧重培养学生的探究精神和创新意识，有利于学生形成自主、合作、探究的新型学习方式。综合实践活动课程所体现的综合性、实践性和创新性，是新课程改革的核心理念。该课程的积极、全面实施是为国家培养综合创新型人才的有力保证。

在中小学中积极稳妥地实施综合实践活动课程是一个新的课题。目前梅州中小学，普遍忽视综合实践活动课程的实施，缺乏切实可行的活动具体设计方案，更没有完善的组织与管理制度。本课题力求经过细致研究，制定出具体可行的综合实践活动课程教学方法与模式创新，为梅州综合实践课程实施提供具体的教学方法与模式。

二、研究方向

目前班级授课制仍然是学生学习的主要组织形式，课堂教学仍然是常规教学的主阵地，也是学校教育的主渠道。因此，改革课堂教学方法和教学模式、提高课堂教学的有效性是素质教育的基本要求。综合实践活动是以实践为基础的课程，实践活动是学生学习知识、价值体认、责任担当问题解决和创意物化的重要手段。

三、研究目标

（1）通过中学综合实践教学中的表现及成因分析，确立学生的主体地位，促进综合实践活动教师的教学理念和教学方式的根本转变。

（2）通过本课题的研究和实践，促进学生的有效学习，尤其是促进学生的创新思维的发展。

（3）通过本课题的研究和实践，探索出适合山区高中综合实践活动课程的教学策略。

（4）通过本课题的研究和实践，创造有效和高效的综合实践活动，探索和构建新课标理念下的综合实践活动模式。

四、理论依据

（一）建构主义理论

建构主义理论认为，知识不是通过教师传授得到，而是学习者在一定的情境即社会文化背景下，借助其他人。包括教师和学习伙伴的帮助，从已有的学习资源资料，通过意义建构的方式而获得。

（二）发现学习理论

美国教育家布鲁纳提出的发现学习理论认为，学习的实质是把同类事物联系起来，并把它们组织成赋予它们意义的结构，学习就是认知结构的组织和重新组织，知识的学习就是在学生的头脑中形成一定的知识结构，学生成为一个发现者，而不是被动的知识接受者。

（三）行为主义学习理论

行为主义学习理论应用在学校教育实践上，就是要求教师掌握塑造和矫正学生行为的方法，为学生创设一种环境，尽可能在最大程度上强化学生的适当行为，消除不合适行为，在学习过程中，学生可以制定学习步调，自主进行反应，逐步达到总目标。

（四）主体性教育理论

所谓主体性教育，是指根据社会发展的需要和教育现代化的要求，教育者通过启发引导受教育者内在的教育需求，创设和谐、宽松民主的教育环境，有目的有计划地规划组织，各种教育活动，从而把他们培养成能够自主地，能动地，创造性地进行认识和实践活动的社会主体。

五、研究内容

（1）中学综合实践活动教学的现状和发展可能性的调查。

（2）对中学综合实践活动教学设计的研究。

（3）对提升中学综合实践活动有效性的教学策略研究。

（4）对新课程标准理念下的综合实践活动教学模式研究。

六、研究方法

（一）调查研究法

一是对无效和低效的综合实践活动表现及成因进行调查研究。二是对目前综合实践活动教学的现状和发展可行性进行调查分析。三是综合实践活动教学的目标和操作符合综合实践活动指导纲要的要求。四是调查研究综合实践活动教学第一线的教师开展教学的新经验新方法，用于指导实际操作；调查研究课题实验前后有关素质指标的变化，为分析实验提供事实依据。

（二）文献研究法

对有关提升综合实践活动教学有效性的教学方式、方法的文献资料进行比较研究，把握国内外研究动态，借鉴已有的研究成果和经验教训，找到新的生长点，防止重复研究，避免和少走弯路，为课题研究提供理论基础和依据。

（三）行动研究法

在建构主义学习理论，发展学习理论，行为主义学习，理论体系，教学理论等指导下，应用教师设计好的词典，开展综合实践活动教学，有目的地观察，并记录综合实践活动，对象的变化，将行动和研究结合起来，筛选和研究来自实际的关于有效进行教学的迫切需要解决的具体问题，不断提高教育科研的应用价值。以此帮助老师提高教育科研的水平和技能，推动我市素质再上一个新台阶。

（四）经验总结法

根据教学实践所提供的事例，分析概括教育现象，挖掘现有的经验材料，透过现象看本质，找出实际经验中的规律，从而更好地更加理性地改进自己的教学，总结出山区综合实践活动教学的方法策略和模式。

七、实施措施

（一）课题研究的阶段步骤

第一阶段（准备阶段）（2019年4月—2019年9月）

（1）成立课题研究小组。

（2）制订切实可行的课题研究实施方案与计划。方案计划从研究目标、研究内容、组织机构及职责、任务分解落实、实验工作要求等方面做出详细的安排，把任务从时间与人员方面进行具体落实。

（3）组织课题组成员研究相关教育教学理论，全面系统准确地掌握各类情况，制定前期调查问卷。

（4）申报立项（论证——申报）。

（5）完成第一阶段研究工作总结。

第二阶段（实施阶段）（2019年9月—2020年4月）

（1）前期调查问卷，写好调查报告，拟定有针对性的具体的研究实施内容与方式。

①向教师下发问卷，向学生下发问卷。

②根据问卷调查，分类撰写出相应的调查报告。

③根据以上调查报告中存在的问题，提出具体的研究实验内容与方式。

（2）开展有针对性的研究活动，兼顾好个案研究。

针对调查报告中存在的问题，深入地进行实验研究，尤其要做好个案的跟踪研究，并对取得的经验或成果进行验证。同时做好研究记录，撰写成果论文与个案分析。

（3）进行中期成果测评问卷调查，写好调查报告，总结经验，找出问题，修正研究实验内容与方式。

（4）深入开展有针对性的研究活动，跟踪好个案研究，进一步完善成果论文与个案分析。

（5）对研究成果进行终结性问卷测评，完成第二阶段研究工作总结。

第三阶段（成果汇集阶段）（2020年4月—2020年9月）

（1）收集整理各类研究资料。

（2）认真分析、研讨和总结，初步形成结论。

（3）课堂教学展示。

（4）论文、课例、教学设计汇编。

（5）写好调查报告、撰写结题研究报告与工作报告。

第四阶段（成果鉴定阶段）（2020年9月—2021年4月）

（1）邀请省市专家进行成果鉴定。

（2）将研究经验（成果）参加交流，在全市推广完善。

（二）课题研究的基本策略

1. 精心选择探究性实践内容，积极开展探究性实践活动

（1）制定教师指导方案。

（2）确定研究性学习基本可行？包括选题课，活动策划课，方法指导课，中期汇报课，成果展示课。

（3）制作过程评价，精准评价学生在活动过程中的各项表现。

2. 提升教师在学生社会实践活动中的指导作用

（1）帮助学生确定活动主题。

（2）指导学生拟定活动方案。

（3）在学生开展活动前进行必要的指导，让学生熟悉社会实践的活动内容，掌握基本的社会实践活动技能。

3. 综合实践教学目的重新认识

学生能从个体生活，社会生活，即以大自然的接触中获得丰富的实践经验，形成并逐步提升对自然社会和自我之内在联系的整体认识，具有价值体认，责任担当，问题解决，创意文化等方面的意识和能力。

4. 提升学生的有效参与

（1）营造氛围，激活思维。

（2）相信学生，尊重学生，还给学生探究的自由。

（3）教给学生实践方法，培养学生实践能力。

5. 以研究性学习作为突破口，激发学生自己研究

（1）选择当前社会热点问题进行探究。

（2）科学探究要面向全体学生。

（3）根据实际情况，使学生研究微型化。

6. 激发学生自己设计研究方案

学生自己设计探究方案，能使学生始终处于不断探索的情境中，培养学生丰富的想象力，调动学生思维活动的积极性和自觉性，激发学生的创新意识和创新能力。

7. 多元评价和综合考察学生

评价中突出对学生的发展过程性评价，充分肯定学生活动方式和问题解决策略的多样性，鼓励学生自我评价，与同伴间的合作交流和经验分享，提倡多采用质性评价方式，避免将评价简化为分数或等级，要将学生在综合实践活动中的各种表现和活动成果，作为分析考察课程实施状况与学生发展状况的重要依据，对学生的活动过程和结果进行综合评价。

八、效果指标

（一）形成并完善中学综合实践活动教学模式

通过对课题的理论与实践研究，挖掘出提升中学综合实践活动教学有效性的教学策略，形成并完善行之有效的具有较强操作性的中学综合实践活动教学模式。

在中学综合实践活动教学中，有效地进行探究教学，在探究的同时要更注意学习过程中学生思维方法思维能力的培养。通过学生在探究过程中发现新问题，通过积极思考去解决问题，这种不断思考、创作的过程不仅培养了学生动手能力，而且提高了学生的信息储存量，激发了学生的好奇心和学习欲望，更重要的是大大提高了教学的有效性，学生学会了如何思考问题，开拓了思路，也让学生在这一过程中体会到创造带来的快乐，创新意识和创造精神都会得到强化，潜能得以挖掘，创新能力得以提高。

提升中学综合实践活动，教学有效性的基本策略是：

1. 创设问题情境，指导学生确定研究课题

（1）对学生生活世界中“人与自然”出现的问题设计活动主题。

（2）根据生活中人与社会出现的种种问题设计活动主题。

（3）根据“人与自我”包括在家庭生活、社会生活和学习生活中遇到的问题设计活动主题。

2. 提升老师指导技能和素质

（1）加强教育理论和专业知识的学习，更新知识结构。

（2）开展教研活动，重教重研，以研促教。

（3）挖掘教师潜力，努力改进、创新研究。

3. 对综合实践活动教学目标的重新认识

综合实践活动的总目标是：学生能从个体生活、社会生活及与大自然的接触中获得丰富的实践经验，形成并逐步提升对自然社会和自我内在联系的整体认识、责任担当、问题解决、创业孵化等方面的意识和能力；把发展学生各种能力作为核心目标。综合实践活动的能力目标，主要体现在认知与思维能力、操作与问题解决能力、交往与社会活动等维度。

4. 提升学生的有效参与

（1）营造创业的氛围，激发兴趣，激活思维。

（2）相信学生、尊重学生，还给学生探究的自由。

（3）教给学生参与的方法，培养学生参与的能力。

5. 以探究性学习作为突破口，激发学生自己设计活动主题

（1）选择核心问题，热点问题进行探究。

（2）研究活动，要面向全体学生。

（3）根据学生学校的实际情况，活动的主题微型化。

6. 激发学生自己设计实验

学生自己设计实验，能使学生始终处于不断探索的情境中，培养学生大胆丰富的想象力，调动学生思维活动的积极性和自觉性，激发学生的创新意识和创新能力。

新课标理念下的中学综合实践活动，教学模式是：使学生在教师的引导下，应用已有的知识和技能，充当新知识的探索者和发现者的角色，通过自己设计方案进行操作、探究，去探索问题和解决问题的一种教学模式，其基本结构为问题、实验、事实、结论、应用，这一教学模式，具有下述三个优点：①有利于充分发挥学生的主体作用；②有利于培养学生的学习兴趣；③有利于充分挖掘学生潜力，培养其创造思维能力。

（二）提高课题组教师的活动指导能力、教学策略运用能力和教科研水平

通过对课题的实施，转变了教师的教学观念，提高了课题组教师的活动指导能力、教学策略运用能力和教科研水平。

据统计，两年来，一组成员撰写与课题相关的教学教研论文23篇，其中发表12篇，获奖11篇，录像课评比获奖3人次，优质课比赛5人。教学设计获奖5人，课件比赛获奖2个（见表1—表7、图1—图9）。

表1 论文发表情况

序号	类别	名称	时间	发表刊物	作者姓名	备注
1	论文	高中综合实践活动课程教学方法与模式创新	2020年6月	《语文课内外》2020年第13期刊号CN51-1649/G4	郑建河	
2	论文	科创和STEM实践活动融入物理课堂的实施策略	2020年3月	《辅导员》CN11-1333/G4	余顺欢	
3	论文	综合实践活动与中学物理教学整合的研究	2020年2月	《教育学文摘》CN11-5773/G4	余顺欢	
4	论文	综合实践活动与中学物理教学整合的现状及分析	2019年9月	《新教育时代》CN12-9205/G4	余顺欢	
5	论文	欠发达地区科技教育的实施策略	2019年8月	《中国教工》CN11-2959/G4	余顺欢	
6	论文	依托综合实践活动课程助力高中德育教育工作	2019年6月	《中国教工》CN11-2959/G4	余顺欢	
7	论文	物理课堂与德育实践活动的整合	2019年9月	《新教育时代》CN12-9205/G4	张任新	
8	论文	初中物理与综合实践教学资源整合的有效途径	2019年11月	《教育》ISSN 1671-5624，CN 50-9214/G	张任新	
9	论文	浅析物理综合实践活动教学策略	2020年7月	《教育》ISSN 1671-5624，CN 50-9214/G	张任新	
10	论文	提高高中综合实践活动实施效率的实践探索	2021年4月	《中小学教育》ISSN 1671-5624，CN 50-9214/G	余顺欢	

续 表

序号	类别	名称	时间	发表刊物	作者姓名	备注
11	论文	高中化学课堂开展科创和STEM教育的策略	2020年	《教育学文摘》2020年7期刊号CN11-5773/G4	潘绮珠	
12	论文	高中美术特长生素描静物构图能力培育与指导方法转变研究	2020年5月	全国中文核心期刊《教学与研究》（中华人民共和国教育部主管、中国人民大学主办；国际标准刊号：ISSN0257-2826、国内统一标准刊号：CN11-1454/G4）	王业康	国家级

表2　讲座或公开课

序号	时间	内容
1	2019年11月15日	余顺欢在广东省2019年粤东西北省培项目：乡村中小学实验教师专项培训中作为主讲专家在11月15日上下午主讲2场不同的专题讲座
2	2019年4月25日	余顺欢在梅州市综合实践活动教研员及骨干教师会议上，作了“综合实践活动的实施”专题讲座
3	2019年10月30日、31日	余顺欢在梅州市科技骨干教师创新创作培训会议中作为主讲专家在10月30日、31日主讲3场不同的专题讲座
4	2020年11月24日	余顺欢作为2020年广东省“三区”教师全员轮训项目——梅州市中学教师“人工智能+教育信息技术”应用能力培训班的培训专家进行讲座、示范，内容为《机器人、3D打印、激光雕刻与编程》
5	2020年12月16日	余顺欢作为2020年清远市教导主任能力提升培训班的名师专家进行讲座、示范，内容为《山区中小学科创与STEM教育实践活动》

续 表

序号	时间	内容
6	2020年10月30日	余顺欢受邀到兴宁市大坪中心小学上了一节示范课《青少年科技发明实践活动》
7	2020年12月11日	余顺欢受邀到大埔县三河镇梓里学校上了一节示范课《综合实践活动项目设计之小发明技法》

表3　比赛获奖情况

单位及老师获奖			
序号	时间	名称	获奖单位或个人
1	2019年	广东省青少年科技创新大赛十佳优秀组织单位奖	广东梅县外国语学校
2	2019年	广东省第十届“小小科学家”少年儿童科学教育活动区级承办贡献奖	广东梅县外国语学校
3	2019年	广东省第十届“小小科学家”少年儿童科学教育活动优秀组织奖	广东梅县外国语学校
4	2019年	梅州市首届“小小科学家”少年儿童科学教育活动优秀组织奖	广东梅县外国语学校
5	2020年	梅州市青少年科学教育特色学校	广东梅县外国语学校
6	2020年	梅州市第二届“小小科学家”中小学生科学实验活动中被授予优秀组织奖	广东梅县外国语学校
7	2019年	广东省第十届“小小科学家”少年儿童科学教育活动优秀辅导教师	余顺欢
8	2019年	第十七届广东省少年儿童发明奖优秀园丁	余顺欢
9	2020年	南粤优秀科技教师	余顺欢
10	2020年	梅州市第二届“小小科学家”少年儿童科学教育体验成果展示优秀指导老师	余顺欢

表4　指导学生获奖情况

2019年指导学生获奖（部分）					
序号	作品名称	赛事名称	级别及所获奖项	作者	指导老师
1	一种磁极判别器	2019年国家专利申请	获国家专利（专利号：ZL201821515140.2）	余顺欢	
2	笔挂（云挂）	2019年国家专利申请	国家外观设计专利（专利号：ZL201930224169.9）	蒋令涵	余顺欢
3	一种数学测量仪器	2019年国家专利申请	获国家专利（专利号：ZL201820363221.9）	丘嘉东	余顺欢
4	振动现象创新演示仪	第34届广东省科技创新大赛科技创新成果（教师项目）	省二等奖	余顺欢	
5	原电池、电解池创新实验演示器	第34届广东省科技创新大赛科技创新成果	省二等奖	王卓钧、王奕明、丘俊伟	余顺欢、朱怡欢、赖炼华
6	梅县金柚产业发展调查	第34届广东省科技创新大赛科技创新成果	省三等奖	地理兴趣小组	余顺欢
7	中学组天文	广东省第十届小小科学家科技教育体验活动指导	省一等奖	余家敏	余顺欢
8	中学组生物	广东省第十届小小科学家科技教育体验活动指导	省一等奖	黄安萍	余顺欢
9	中学组机器人	广东省第十届小小科学家科技教育体验活动指导	省一等奖	罗　锐	余顺欢
10	中学物理组	广东省第十届小小科学家科技教育体验活动指导（物理）	省三等奖	黄以可	余顺欢、张任新

续表

2019年指导学生获奖（部分）					
序号	作品名称	赛事名称	级别及所获奖项	作者	指导老师
11	中学物理组	广东省第十届小小科学家科技教育体验活动指导（物理）	省三等奖	张　锟	余顺欢、张任新
12	中学物理组	广东省第十届小小科学家科技教育体验活动指导（物理）	省三等奖	潘世好	余顺欢、张任新
13	中学物理组	广东省第十届小小科学家科技教育体验活动指导（物理）	省三等奖	吴展新	余顺欢、张任新
14	“多功能包”	梅州市第34届青少年科技创新大赛指导	市一等奖	吴炜杭、许庆涛、罗舒兰	余顺欢
15	“利用植物运输作用对鲜花人工染色”	梅州市第34届青少年科技创新大赛指导	市一等奖	余家敏、钟　晖、刘宇佳	余顺欢
16	“哆梦机器人聚沙成塔”	梅州市第34届青少年科技创新大赛指导	市一等奖	朱梓熠、张家粱、罗煜彬	余顺欢
17	“人工智能小船”	梅州市第34届青少年科技创新大赛指导	市一等奖	张　键、卢育嘉、卓宝华	余顺欢
18	“智能家居系统”	梅州市第34届青少年科技创新大赛指导	市一等奖	杨宇明、周屹深、陈梓昱	余顺欢

续 表

2019年指导学生获奖（部分）					
序号	作品名称	赛事名称	级别及所获奖项	作者	指导老师
19	“3D打印个性笔筒”	梅州市第34届青少年科技创新大赛指导	市二等奖	余家敏	余顺欢
20	（模拟人体呼吸结构模型）	梅州市第34届青少年科技创新大赛指导	市二等奖	余家敏	张裕敏
21	“智能小区”	梅州市第34届青少年科技创新大赛指导	市二等奖	赖柏安、蔡俊豪、陈钰菲	余顺欢

表5　2020年获奖情况

2020年获奖情况（部分）					
序号	作品名称	赛事名称	级别及所获奖项	作者	指导老师
1	一种自适应爬壁机器人	2020年申请国家专利	国家专利（ZL202020032774.3）	卓鸿邦	余顺欢
2	智能自适应爬壁机器人	第35届广东省青少年科技创新大赛	省一等奖	卓鸿邦	余顺欢、杨　媚
3	电动机原理演示器	第35届广东省青少年科技创新大赛	省一等奖	温　兰	余顺欢
4	基于种养结合的立体生态农业模式发展现状调查研究	第35届广东省青少年科技创新大赛	省三等奖	张娴娴、卓宝华、温和实践小组	黄圣红、余顺欢
5	新型电动机原理教学演示仪	第八届广东省自制教具评选（教师项目）	省二等奖	余顺欢	

续 表

2020年获奖情况（部分）					
序号	作品名称	赛事名称	级别及所获奖项	作者	指导老师
6	转盘式小学数学助学仪	第八届广东省自制教具评选（教师项目）	省二等奖	廖小红、余顺欢	
7	无人机竞赛	第35届梅州市青少年科技创新大赛	市一等奖	廖盛军	余顺欢
8	歼击机	第35届梅州市青少年科技创新大赛	市一等奖	温　和、王诗灵燕	余顺欢
9	真空吸附爬壁机器人	第35届梅州市青少年科技创新大赛	市一等奖	卓鸿邦	余顺欢
10	智能书桌	第35届梅州市青少年科技创新大赛	市一等奖	余家敏	余顺欢
11	智慧生活创意现场制作	第35届梅州市青少年科技创新大赛（圆明园）	市一等奖	周屹深、李宇斌、李文涵、黄至佳	余顺欢
12	磁阻探究演示器	第35届梅州市科技创新大赛辅导员创新成果（辅导员项目）	市一等奖	余顺欢	
13	新型原电池电解池探究器	第35届梅州市科技创新大赛辅导员创新成果（辅导员项目）	市一等奖	余顺欢	

续 表

2020年获奖情况（部分）					
序号	作品名称	赛事名称	级别及所获奖项	作者	指导老师
14	新型电磁阻尼驱动探究器	第35届广东省青少年科技创新大赛辅导员创新成果（辅导员项目）	省三等奖	余顺欢	

表6　2021年获奖情况

2021年获奖情况（部分）					
序号	作品名称	赛事名称	级别及所获奖项	作者	指导老师
1	一种电磁铁演示器	2021年申请国家专利	国家专利（ZL202022117145.3）	余家敏	余顺欢
2	一种电磁铁演示器	第36届广东省青少年科技创新大赛	国家专利申请奖、省二等奖	余家敏	余顺欢
3	一种汽车内开门智能提醒系统	第36届广东省青少年科技创新大赛	国家专利申请奖	卓鸿邦	余顺欢、杨　媚
4	自制电磁感应演示器	第36届梅州市青少年科技创新大赛（辅导员项目）	市一等奖	余顺欢	
5	改进型趣味电动机原理演示器	第36届梅州市青少年科技创新大赛（辅导员项目）	市一等奖	余顺欢	
6	改进型焦耳定律演示器	第36届梅州市青少年科技创新大赛	市二等奖	余家敏、肖恺乐	余顺欢

续表

2021年获奖情况（部分）					
序号	作品名称	赛事名称	级别及所获奖项	作者	指导老师
7	3D打印	第36届梅州市青少年科技创新大赛	市一等奖	钟　和	余顺欢、王业康
8	人工智能	第36届梅州市青少年科技创新大赛	市一等奖	李　军	余顺欢
9	电和磁趣味演示器	第36届梅州市青少年科技创新大赛	市二等奖	余家敏、肖利菲	余顺欢
10	改进型焦耳定律演示器	第36届梅州市青少年科技创新大赛	市二等奖	余家敏、肖恺乐	余顺欢
11	百变魔方	第36届梅州市青少年科技创新大赛	市二等奖	陈　可	余顺欢

表7　其他获奖情况

序号	类别	名称	时间	发表刊物	作者姓名	备注
1	美术	优秀指导老师	2020年12月	在2020年度“美好生活，劳动创造”广东青少年主题书画活动中指导多位同学荣获一等奖，被授予“优秀指导老师”荣誉称号	王业康	省级
2	美术	二等奖	2020年11月	指导朱琳山同学在2020年梅州市第十二届规范汉字书写比赛中荣获硬笔组二等奖	王业康	市级

续表

序号	类别	名称	时间	发表刊物	作者姓名	备注
3	美术	二等奖	2020年11月	指导肖利菲同学在2020年梅州市第十二届规范汉字书写比赛中荣获硬笔组二等奖	王业康	市级
4	美术	二等奖	2020年1月	指导曾诗韵同学的硬笔书法作品在梅州市第五届中小学硬笔书法比赛中荣获高中组二等奖	王业康	市级
5	美术	二等奖	2020年1月	指导冯丹琪同学的硬笔书法作品在梅州市第五届中小学硬笔书法比赛中荣获高中组二等奖	王业康	市级
6	美术	二等奖	2020年6月	指导曾艳玲、卓宝华同学在第35届梅州市青少年科技创新大赛3D打印机创作竞赛荣获二等奖	王业康	市级
7	美术	二等奖	2019年5月	指导李卓琳、熊欣霓、吴天昊、许玥同学在第34届梅州市青少年科技创新大赛微电影创作竞赛荣获二等奖	王业康	市级
8	教学成果	家史在高中历史教学中的应用研究	2020年8月	梅州市教育局	何翠萍	市级

成果名称：家史在高中历史教学中的应用研究

主 持 人：何翠萍

单　　位：广东梅县东山中学

主要成员：黄贱芳、郑玲玲、钟秋苑、李妙凤、陈兴

获奖等级：一等奖

证书编号：MZJYCG09Y036

梅州市教育系统教育教学成果奖

（第九届）

获奖证书

梅州市教育局

2020年8月

图1　课题组成员获市教学成果一等奖

图2　课题组师生活动（一）

图3　课题组师生活动（二）

图4　课题组师生活动（三）

图5　课题组师生活动（四）

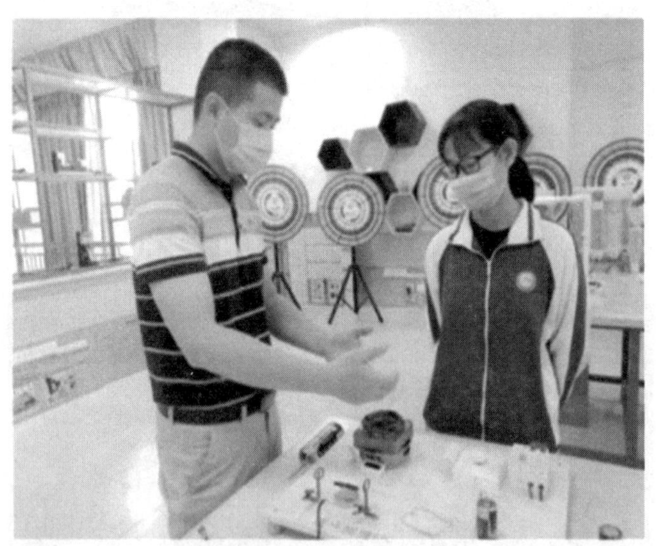

图6　课题组师生活动（五）

图7　课题组师生活动（六）

图8　课题组师生活动（七）

图9　课题组师生活动（八）

（三）课题的实施促进学生学习方式的转变和学生素质的全面提高

课题的实施促进了学生学习方式的转变和学生素质的全面提高，为学生的终身发展奠定了良好的基础。

课题实施中，由于教学策略的优化和教学模式的转变，大大地激发了学生学习综合实践的欲望，诱发了学生研究动机，提高了认知水平，激发了创新意识，逐步形成了创新品质，其具体表现是，学生能够主动地向同学或老师提出学习中的问题，并进行研究探索，主动释疑或完成他人意见，敢于提出自己独特的想法，并与同学和老师交流，同时也建立了我要学、我能学的自信，学生敢于积极报名参加综合实践比赛和其他的学科竞赛。其中梅县区外国语学校余顺欢老师2020年指导的学生卓鸿邦研制的《真空吸附爬壁机器人》、指导温兰的《电动机原理演示器》均获第35届广东省青少年科技创新大赛创新成果一等奖。

九、结题反思

本课题从调研无效和低效的综合实践教学的表现及成因和发展可能性入手，精心选择综合实践教学内容，探索和尝试提升中学综合实践活动教学有效性的教学方式、方法，努力提高新课程理念下的中学综合实践活动教学模式，通过教学内容的创新设计以及引导学生从生活中发生的问题，尤其是热点问题进行探究，形成了解问题、解决问题的措施、结论、应用为基本结构的教学模式，这对于深化综合实践教学改革，转变学生的学习方式，提高学生学习的主动性，提高教育效率，培养学生的创新精神和实践能力，让学生真正成为学习的主人，具有现实意义。

需要指出的是，经过两年多的研究，虽然取得了一定成绩，但由于长期以来受传统的课堂教学目标、内容、时间，教学方式和高考压力的影响，综合实践活动始终未能摆脱各级考试指挥棒的束缚，使得中学综合实践活动一直存在轻过程、重结论的问题，要想在短期内实施新的教学策略，还存在许多局限性，所以重要的不是提升中学综合实践活动教学有效性的形式，而是其精神实质，除此以外，由于课题组的成员研究水平有限，造成一些老师的更换。以问题、措施、结论、应用为基本结构的实验教学模式也还不成熟，因此如何精心选择教学内容，提升中学综合实践活动教学的有效性，还需要我们在不断的实践中学习探索，并在探索中不断去改进完善。

第四辑

学习考察报告

参加小学道德与法治学科省级培训体会

2020年10月13日至14日我们在珠海君怡国际酒店参加了“2020年义务教育道德与法治、语文、历史学科省级培训”。为期两天的培训中，我们聆听珠海市香洲区实验学校曾华老师主讲的，“观照儿童立场的道德与法治课堂教学拓新”、东莞市长安镇中心中学曾文燕老师讲授的“一堂道德与法治课的解构、建构与优化——浅谈道德与法治老师如何评课和备课”和安徽省芜湖市清水小学程骏老师分享的“数字教材在小学思政教学活动中的应用”。

三位老师的讲座，带给我很大启发。曾华老师认为，要让儿童从自己的世界出发，对学生的要求接近真实生活：儿童的站立行，是有儿童特点的，不一定是“站如松、坐如钟”，而体现为专注、认真，高声地歌唱，认真地朗读就是一种精神！道德与法治的教学引领学生关注生活中真实的榜样。对不愿意上学的孩子、做不好操的学生要有同理心，允许孩子犯错误，帮助最需要帮助的孩子。要从儿童立场开展教学，我们要坚持教育的立场就要坚持儿童的立场，就要发现儿童和引领儿童，从而促进儿童不断发展。儿童是自由者和探索者，儿童一切都有待重新发现，发现儿童发展的各种可能性，帮助他们找到发展的最大可能和最好可能。见真、见善、见美是我们都要铭记心中的儿童立场!

东莞市长安镇中心小学曾文燕老师首先带领观看了她自己的示范录像课《我的家庭贡献和责任》，第二步引领参会老师对教学主题的怎样解构、重新建构和优化，针对参训老师大多为教研员，提出了评课的三大要素和两大样态。三大要素是：教学目标、教学素材和核心问题；两大样态是：学生态和教师态；核心问题是教学目标是否科学准确、教学素材是否合适规范。曾老师提出：道德与法治教师教学中要遵行三个教学原则：逻辑性、发展性和融合性；备课的四个关键因素：目标不能偏离，关注学生主体，激发思辨思维，树立核心价值观。教学中要树立一种观念：树立学生为主体的观念，提供一些支架：为学生自主学习提供帮助，围绕多个活动：建构主题教学的意识和能力。对示范课提出了优化策略：交流心里话，出个好点子，家居创意员，亲情联络员。最后提出了优秀道德与法治教师几个特征：一是向阳性、二是成长性、三是专业性，专业性有三力三自觉。

安徽省芜湖市清水小学程骏老师“数字教材在小学思政教学活动中的应用”为我们提供数字教材在我们教学中应用的三个层次。第一层次，教师按照平台规定的教学环节和提供的教学资源开展教学活动；第二层次，教师按照平台规定的教学环节添加自备教学资源开展教学活动；第三层次，教师运用平台自定义教学环节并添加自备教学资源开展教学活动。三个层次，由易到难，从简单到复杂，逐步引导教师通过数字教材应用平台转变教学观念，充分利用信息技术实现教与学的理念重塑、结构重组和内容重构。

赴江西抚州、鹰潭教育考察报告

为落实市委教育专题会议精神，进一步提高我市高中教育质量，近日市教育局陈连豪副局长带领高中教研员共10人参加了市政协组织的教育考察团，分别赴江西省抚州市、鹰潭市，对临川教育集团、鹰潭一中等学校进行了教育考察。

一、概况

江西抚州人杰地灵，自古就有“才子之乡”“文化之邦”的美誉。抚州临川教育集团成立于2002年，所属三所学校为抚州一中、临川一中、临川二中，均为江西省优秀重点中学。

鹰潭一中是江西省鹰潭市第一中学，创建于1956年9月，是省级重点中学。现有高中三个年级共60个教学班，学生3800余名，教职工238名。校园占地100亩，校舍60000平方米。

二、办学特色

（一）临川教育集团办学特色

1. 采取集团化规模办学，办学特色鲜明

自教育集团成立以来，各校间的竞争空前的激烈，短短几年，形成了你追我赶超常规发展的积极竞争态势，规模化办学效益显著，各校的办学特色更加鲜明。抚州市近三年高考成绩突出，考上清华、北大人数众多，

2006年有40人，2007年66人，2008年47人。抚州一中实施了初中部超常教育实验班，已经培养了61名少年大学生，特别是1990年，学校为中国科技大学等著名高等院校一举输送了15名少年大学生，占当年全国少年大学生录取总数的十分之一，学校被誉为“少年大学生的摇篮”。临川一中连创高考奇迹，2006年24人考入清华、北大，2007年38人考上清华、北大，2008年23人考上清华、北大，被誉为“才乡明珠”。临川二中在全国高中数学、物理、化学、生物、信息学五大学科奥林匹克竞赛中，20多次获全省团体总分前三名；高考成绩喜人，2006年10人考上清华、北大，2007年12人考上清华、北大，2008年高考9人考上清华、北大，被誉为“才子摇篮”。

2. 利用质量品牌优势，规模迅速扩张

抚州市是农业大区，经济落后，全市年总财政收入不到40亿元。由于财政困难，抚州市政府实行开放的教育政策。利用集团的质量品牌优势，吸引了成千上万的市外、省外学生慕名到临川求学，极大地推动了教育集团的超常规发展。教育集团现有教师1000多人，学生2万多人，这在一定程度上也确实刺激和带动了当地的经济发展。

（二）鹰潭一中的办学特色

1. 文化底蕴深厚，师资一流

鹰潭一中创建于1956年，文化底蕴深厚，师资力量雄厚。目前，鹰潭一中有特级教师4人、高级教师82人、研究生毕业的教师11人、研究生结业的教师20多人。有16人获国家级荣誉，20多人获省级荣誉称号；有市级以上骨干教师和学科带头人30余人。有全国性教育学术团体成员11人、省级教育学术团体成员32人。

2. 勤学风气浓厚，质量一流

由于鹰潭市是农业市，工业经济落后，当地民风淳朴，学生勤学之风浓厚。学校教学质量一流，升学率连续6年保持在95%以上。近10年来获全省高考理科“状元”1人，全省高考文科第2名2人，7人进入全省高考前10名，65人考取清华、北大（其中2008年有7人），百余人保送重点大学。在学科竞赛方面，已形成了自己的办学特色。2004年，学生彭闽昱荣获国际中学生数学奥林匹克金牌。2006年，学生刘艺斌荣获国际中学生化学奥林匹克金牌。近几年鹰潭一中共获得国家级学科竞赛国家级金牌5块、银牌18块、铜牌15块、省级奖项370人次。

三、启示

（一）党委政府坚持教育优先是当地教育快速发展的根本保证

抚州和鹰潭两地均属农业区，正是由于当地工业经济的落后，各级党委政府把教育作为推动当地经济发展的产业来抓，把教育当作政府的主要工作来抓。据介绍，当地政府有个特殊的规定：宁可拖欠公务员的工资也决不拖欠教师的工资，宁可紧缩其他开支也要保证教育的投入，并确保高中教师的实际收入高于当地公务员的实际收入。这使得教师在当地的政治、经济地位非常令人羡慕。同时政府还不断出台一些有利于教育发展的政策机制，如面向全国、全省招生不受“三限”政策限制等，给当地教育的发展壮大提供强有力的保障。政府给临川一中、临川二中建新校区各拨款两千万元，又如临川一中去年九月落成的新校区占地336亩，政府实际批拨土地580亩，余下250亩土地，50亩用于建造教工宿舍，另外200亩学校以每亩100万元价格进行拍卖，收入用于新校区建设，解决了学校易地新建的资金来源。抚州市政府规定每年高考前起一个月内关闭所有网吧一个月。两市高中星期六、星期日均补课，当地政府允许学校收取补课费。

（二）社会尊师重教的良好风尚是教育事业兴旺发达的源泉

在抚州和鹰潭，我们到处可以感受到尊师重教的良好社会风尚。一方面是得益于当地深厚历史文化底蕴的影响，教育一直受到人们的普遍关注与高度的重视；另一方面是由于当地经济发展相对滞后，群众把希望全部寄托在孩子的教育上，形成了浓厚的尊师重教的社会风气。教师们普遍受到当地学生的爱戴，受到学生家长的尊重，获得全社会的普遍关心。这极大地调动了教师教书育人的积极性与创造性，增强了教师的社会责任感和使命感，引导着教师一心一意钻研业务不断提高教学水平，有力地促进了广大教师敬业爱岗的自觉性、主动性，从而使整个教育事业良性发展，兴旺发达。

（三）突出学生主体地位是学校实现可持续发展的基础保障

在抚州和鹰潭，政府把教育作为产业，家庭将孩子看作希望，学生把读书当作出路，学校把质量视为生命，教师则把学生当作衣食父母。善待每一位学生，关注每一位学生的发展成为当地教育的一种自觉的理念。学校十分重视全体学生的发展与提高，在他们心目中，优秀学生是学校创优的品牌，而普通学生群体比优秀学生群体更为重要，所以学校都非常注重教育质量的大面积提高，由此来吸引更多的外地学生到学校求学。每所学校每年都会想方设法招收来自全国各地的借读生、插班生和高复生等，一方面弥补资金的不足，同时使学校规模不断得到发展壮大。

（四）实施分层教学是提高规模型学校教学质量的法宝

我们所考察的这些学校，学生总人数均在4000人以上，规模较大，正是由于学校规模过大，导致了学生的学习基础差异明显，为此各校因材施教均采取了分层教学的方法。下面重点介绍临川一中的分层教学情况。

临川一中学生总人数在万人以上，由于学校规模过大，导致了学生的学习基础差异明显，为此学校采取了分层教学的方法。高一年级根据学生进校成绩，分设A、B、C三类班级。高二年级借文理分班之际，开设“零班”“重点班”和“平行班”三类班级，其中“零班”确保进入高层次一本，主攻清华、北大；“重点班”确保二本，主攻一本。特别是该校单独开设的“零班”，将最优秀的少部分尖子学生集中在一起，采取精英教学方法，实施强化教学，以此来提高清华、北大等一流名牌大学的录取率，成效非常明显。具体做法如下：

1. 淡化少年班，保存生源

抚州地区曾经在初中部实施超常教育实验班，培养出多名少年大学生，被誉为“少年大学生的摇篮”，但这在客观上导致了高二提前流失优质生源，影响高考尖子生的培养，故近年来，该地区淡化了少年班的办班力度，以保存生源。

2. 淡化学科竞赛，主攻高考

临川一中原先和其他学校一样，非常重视学科竞赛，竞赛成绩曾在江西省遥遥领先，江西赛区授奖大会先后八次（十二项）授奖大会在该校举行。但该校在实践中逐渐认识到：大量优秀学生参加学科竞赛，在少部分学生取得优秀成绩的同时，大部分学生陪读，导致优秀学生偏科严重，高考总分为此付出代价；同时考虑到近年来省级以上学科竞赛一等奖取奖信度降低（江西省一等奖高考加10分），难度增加。因此学校在竞赛运作时遵守以下原则：只允许学生参加一科竞赛辅导；让有爱好的学生参加竞赛辅导；让某一学科出类拔萃，但总分并不一定最优的学生参加竞赛辅导；让家长有能力助一臂之力的学生参加竞赛辅导；让希望考上好大学的或希望有资格参加自主招生的学生参加竞赛辅导；学校并不需要在各学科竞赛中均取得优秀成绩，每年只需突破1—2科即可，具体学科由年级根据师资、生源而定；高一、高二期间的竞赛辅导安排在周六晚、周日下午，以牺牲休息时间不影响正常学习为原则。

3. 集中精力，办“零班”

（1）分班操作：通过高一学年的自然分化，学校根据学生高一两个学期四次（期中、期末）考试或高一第二学期两次（期中、期末）考试总成绩，单独分设“零班”，其中理科前100名、文科前50名进入“零班”，“零班”生源不照顾。

（2）师资安排：文科“零班”班主任一般挑选数学教师，理科“零班”班主任一般挑选语文或英语教师，作用无须赘述；“零班”班主任只任教一个班，保证班主任有足够的精力进行学生管理。其他任课教师尽可能单人单班（另任一个A、B类班）以便共同研究、对比，形成竞争态势。

（3）重点措施：针对“零班”学生的接受能力和目标特点，“零班”教学的重点之一是抓好双基，要求教师经过深思熟虑，将双基简明扼要地传授给学生。“零班”教学的重点之二是培养学生的思维能力，通常做法是在“零班”教学中加深难度，拓宽知识面（如该校英语学科在“零班”中的历来做法是在高二高三两学年中增加《新视野》1—2册或新概念英语1—4册教学内容，每周保证4—5次听力训练），加大训练量（教辅材料多一套），作业精批细改、面批面改，师生及时沟通反馈信息。“零班”教学的重点之三是进度提前，一般情况下“零班”的高中阶段新课在高二第二学期的4月前结束，高二第二学期的4—8月进行高考第一轮复习，该轮复习重点解决高考中的重难点块，以便高二部分学生提前参加新加坡等地的预科班考试，提前参加当年度的全国高考，检测学生实力，瞄准清华、北大苗子；“零班”高考第二轮复习安排在高三第一学期，此时进入传统意义上的高考第一轮复习（以便与年段其他教学班同步），在这一轮复习中，“零班”学生同时完成“天利”38套综合练习，以便学生在高三第一学期末参加全国各高等学校的自主招生考试；“零班”第三轮复习安排在高三第二学期，此时复习的重点是关注细节、进行专项训练，让学生适应高考，保持一定的竞技状态，在这一轮复习中锁定冲刺清华、北大的第一集团军更是学校、教师关注的重点。

实践证明：“零班”教学管理中的上述措施、策略，有利于优秀学生的培养，值得我们学习借鉴。

（五）重视备课组建设是减轻学生负担、提高教学质量的有效手段

我们所考察的这些当地名校，之所以能大面积提高整体教学质量，关键的共同点是学校都十分重视备课组的建设，普遍强调集体备课的重要性。如临川一中对集体备课有着十分严格的要求，有一条非常硬性的规定并持之以恒地予以执行：所有教案必须经集体备课形成共识后才能进入课堂实施教学。具体要求各备课组每周至少集体备课一次，且定时间、定主题、定主讲人，讨论氛围很浓，教学实践证明其效果十分明显，尤其是像语文、外语、政治、历史、地理等学科，往往存在着有争议的教学内容，通过集体备课形成共识，其教学的实际效果就更加明显，且对青年教师的成长也很有帮助。另外，这些学校的备课组还非常注重对学生教辅资料的选择，选用教辅资料必须集体研讨决定，有的学校甚至提倡备课组自行编制资料，突出教辅资料的针对性和实用价值。这些学校重视学校备课组建设的做法与我们当前的做法不谋而合，许多具体细节可供我们学习。

（六）注重提高学生作业效率是提升学校教学质量的有效途径

我们所考察的这些学校，大多对学生作业把关很紧，强调学生练习必须精选精练，有的提出“只有教师跳入题海，才能让学生跳出题海”，要求教师做“千字文、万题集”，要求学生自编错题集，非常重视学生作业的效率。一是特别注重学生作业的批改质量，强调必须及时批改与及时讲评，强调要善于从学生作业中去及时发现问题与不足。二是特别注重学生的强化训练，强调答题的规范要从平时抓起，对学生纠错本的环节抓得特别紧，对题及时巩固强化，对重要的高考关键性学科，每周安排一到两次进行限时测试。如临川一中每周星期六下午和星期日晚上组织各学科轮考，一个学期组织两次月考，力求日会、周清、月结。这些学校的实践证明，重视学生的作业效率，是提高教学质量的有效途径和方法。

（七）狠抓青年教师的培养是学校长盛不衰的关键所在

由于这些学校扩张过快，青年教师的比例偏高，利弊共存。大部分青年教师初出茅庐，教学经验严重不足，教学资料积累较少，需要积极磨炼提高。如何正确引导和培养好青年教师，是所有规模型大校面临的一个重大课题，也是学校教育实现可持续发展的关键所在。为此所考察的所有学校都很重视这方面的工作。江西临川一中的做法是分学校、年级、备课组三个层面，鼓励和组织中青年教师参加教坛中坚、教坛新秀、优质课评比活动，做到每年公布一次；让骨干教师、名教师与新教师建立结对帮扶关系，使一大批新教师迅速成长为教学骨干；实施“名校后备军工程”，三年一评，以增强中青年教师的进取心；对名师、成熟教师、骨干教师，努力创造尊师敬师的浓厚氛围，大力宣传名师、骨干教师先进事迹，激励全校教师自觉奉献于教育，成就于教育。又如鹰潭一中，其几十年能保持长盛不衰，除了得益于其纯朴的校风外，更主要的因素是该校十分重视师资队伍的建设，该校对青年教师的要求十分严格，青年教师每周至少听课两节，文科教师要做“千字文”，理科教师要做“万题集”，对青年教师工作中出现的差错与不足，不留情面，及时指出，严肃批评。

四、存在的主要问题

（一）经济落后是制约当地学校规范运作和良性发展的主要因素

江西抚州市和鹰潭市均属经济发展相对薄弱的地区，政府财政严重不足导致教育经费无法得到基本保障。这些学校，新校区的建设配套、老校区的改造及学校正常运转所需的经费等，主要由学校通过收取择校费等方式自筹解决，而学校短期内通过银行贷款举债办学，这给学校正常运转带来较大的资金压力。为了弥补办学经费的不足，抚州市教育局成立临川教育集团，并在办学政策上给予学校较大的自主权；政府财政无力保障，当地政府也在政策上给予学校较大的自主权，使学校的办学政策机制相对比较灵活。但纵观这些学校的办学行为，普遍采取“以生养校”的做法，我们觉得不够规范，这些学校不但招收了择校生，还招收自费生、插班生、高复生、转学生等，这与国家有关教育政策是相违背的。当然，正是由于当地经济发展的落后，财政支付严重不足，因而学校名目繁多的不规范招生与收费现象也就不可避免。

（二）规模的迅速扩张，难以实施精细化的学校管理

由于在近期内办学规模扩张过快，传统的学校管理模式已经很难适应管理的实际需要，经过几年的探索，目前这些学校普遍采取了以年级为主的管理模式，即：一个年级配备一名副校级领导担任年级总负责人，推行

年级自主管理制，校长只在宏观决策上予以领导，这使得学校管理责任和管理压力得到有效的分解和落实，教育教学管理的有效性和实效性得到明显提高。其中的许多做法值得我们学习，对我市高中段规模型大校的管理有着很好的学习和借鉴作用。但是，由于其规模迅速扩张，有的学校不但在硬件设施的配套上出现较大的问题（如临川一中的学生宿舍、食堂、教室、教师办公室等都显得非常拥挤，而且设施陈旧落后）。而且由于各年级的管理者大都各自为政，往往只着眼于管理本年级而忽视对其他年级的管理，导致在学生管理、卫生管理、安全管理及校产管理等方面存在着一定的盲区，甚至有着一定的隐患，学校管理的精细化很难得到真正落实。

落实纲要、聚焦课堂，培训效果大大提升

——参加2020年广东省高考综合改革方案和普通高中新课标新教材培训活动心得体会

2020年10月20日至22日，我参加了由广东省教育研究院在广东省佛山市顺德区仙泉酒店顺利举办的2020年广东省高考综合改革方案和普通高中新课标新教材培训活动，和来自全省的100多位高中综合实践活动教研员、一线教师一起参加了此次活动。本次活动着力于提高教研员对新高考、新课标、新教材的理解和指导能力，提升高中教育质量和办学水平。广东省教育研究院胡军苟老师科学统筹和精心安排本次培训的内容，通过专题讲座和研讨沙龙相结合的方式，激发了老师们的学习积极性和研训参与热情。下面谈谈对本次培训的体会。

一、新标教材新高考，新案新方新举措

10月20日下午，省教研院教研室数学科吴有昌主任开讲第一场专题讲座《广东省普通高中新课程改革实施方案（2020年修订）解读》。吴主任的讲授开门见山，一针见血指出了新课程改革工作的八个方面：

（1）通过评价改革倒逼课程改革。

（2）加强学分管理，学生要修满140个学分，88个必修，选择性必修42个学分。

（3）综合实践活动和劳动教育同为国家课程，要落实开展。其中“综实”8个学分，明确综合实践活动要进行跨学科学习。“劳动课程”6个学分，其中志愿服务2个学分，在课外时间进行，三年不少于40个小时；其余4个学分与通用技术的选择性必修内容以及校本课程内容统筹。

（4）生涯规划和研学实践纳入综合实践活动和劳动课程统筹实施。

（5）因地制宜，有序推进选课走班。

（6）新教材提倡单元整体教学、提倡基于情境、问题导向的互动式、启发式、探究式、体验式等课堂教学。

（7）增加探究性、实践性、综合性作业，减少重复性、巩固性作业。

（8）今后不再有考试大纲，要紧紧依靠课标要求，学科教师要下大力气去熟悉课标。

二、小组合作项目驱动，培训研习有实效

吴有昌主任就如何理解和落实数学学科核心素养发表了自己的看法，加深了老师们对新修订课程方案的理解，他从普通高中课程改革的背景意义和思路要求、课程方案和课程标准修订的总体情况、区域与学校实施策略、高考综合改革对普通高中教育教学的新要求和实践策略等方面进行深入细致的阐述，为老师们答疑解惑、指点迷津，与会的教师收获满满。第二个环节是聚焦综合实践活动（劳动教育）的重要学习篇章，为了调动大家的培训积极性，激发学员合作学习的热情，省教研院胡军苟老师对100多位学员进行分组。一共分成9个小组，每组5—8人，设组长1名。来自全省各地一群人迅速组成一个个学习团体，形成良好合作交流氛围。

各小组团队建完毕后，胡老师指定佛山市教研室综合实践活动教研员饶小锋老师为本次培训活动的主持人。饶老师“口才极佳、妙语连珠”的主持风格让人耳目一新，给大家布置了研讨沙龙主题和高中主题方案设计的任务，由各小组集体合作完成。清晰的研修目标，给学员们的研修指明

了方向，提供学习的有效途径，学员们将抓住此次契机，发现问题，分析现状，提升自我，共同成长。

三、立足课堂齐实践，高屋建瓴做指导

10月21日上午，广东省教育研究院综合实践活动教研员胡军苟老师带来了专题讲座《普通高中综合实践活动教学实施指导》。胡老师妙语连珠，经常语出惊人，现场笑声不断，很自然地把学员的注意力凝聚起来。

胡老师长期调研广东省高中综合实践活动情况，深入课堂并与各市、区教研员、一线教师的交流研讨，把国家层面的教育方针政策、《中小学综合实践活动课程指导纲要》的理论与教学实践相结合，呈现了本次主题讲座丰富而明确的指导性。精准围绕指导思想、课程理念和目标、课程内容和组织方式、教学实施、教学评价、教研活动开展六个方面展开论述，同时讲述我省众多的教学实例，为学员今后进一步开展综合实践活动提供了大量案例。

胡老师语速不紧不慢，结合自身的经历，分析得合情合理，细腻到位，气质高雅，思维敏捷，语言精湛，条理清晰。把自己的深入思考融入讲解中，例如在讲解“活动组织方式”时，通过创新性框架图示，真诚并无保留地分享了自己对三种组织方式的深刻认识，为大家在今后的活动组织教学上提供了有效路径。针对大部分学员都是一线的区域教研员的实际，胡老师善于从教研活动开展方面给出对应有步骤的解决策略，同时兼顾一线教师，全面覆盖综合实践活动教学实施的方方面面给予指导。

四、沙龙研讨促发展，经验分享共成长

胡老师的精彩讲座结束后，马上进入研讨沙龙的序幕，各组学员代表逐一登台发言，大家深刻感受到各个组每个人都是“用心思考”“务实研讨”“达成建议”。大家展示研修风采的同时，把各自在一线综合实践

活动教学积累的经验互助分享，现场气氛热烈。有道是："一花独放不是春，百花齐放春满园。"

五、优秀教师展风采，优质课例齐共享

10月21日下午，两位一线综合实践活动优秀教师：珠海市斗门区和风中学樊秋平和深圳市育才中学房继珍，分别分享了自己的优质课例，言简意赅，示范引领，引起全体学员共鸣，纷纷提问和争相学习，激起培训的高潮。大家观看珠海市斗门区和风中学的樊秋平老师和深圳市育才中学的房继珍老师分享的教学案例。

六、广州经验走在先，我们努力向前追

10月21日下午，迎来了本次培训活动的一位大咖：广州市教育研究院课程教材研究室副主任邹立波副教授。邹教授是中国教育科学研究院STEM教育专家库成员，华南师范大学硕士生导师，广州教育学会中小学劳动教育研究专业委员会理事长，《广州市中小学科技实践教材》《广州市中小学劳动教育指导纲要》《广州市中小学劳动教材》的主编，是综合实践活动和劳动教育方面的资深专家。

邹教授专题讲座的题目是《学校劳动教育的设计与实施》，他从国家领导人关于劳动教育的论述以及党中央近几年颁布的有关劳动教育的文件要求出发，并结合目前我国中小学生发展的现实与需要，深入解读了劳动教育的政策文件依据，指出要充分认识劳动教育的重大意义、明确劳动教育的总体目标、全面把握劳动教育的内容、有效实施劳动教育的五个环节、严格落实劳动教育的实施保障。接着邹教授结合大量操作案例，从劳动教育的基本理念、目标设置、内容建构和评价标准，详细介绍了中小学开展劳动教育的设计与实施的方式方法、策略和流程。

广州市是省会城市，有羊城美誉，邹教授在报告中充分展示了广州市高度重视劳动教育的开展，通过率先研制出全国第一份地级市劳动教育指

导纲要，举办全国劳动教育研讨会，编制覆盖全学段的综合实践活动·劳动教材、组建市级劳动教育专业委员会、劳动教育教研中心组、特约教研员团队、探索劳动课有效实施模式等领先经验，不但开阔了大家眼界。目前我们梅州的劳动教育仍处在各学校自主开设、自由发挥，没有整体规划自由生长的阶段，我们今后要奋发努力，为推进所在梅州学校的劳动教育奋发图强。

七、首都专家来指导，万里长征再出发

10月22日上午，来自北京的综合实践活动专家——梁烜主任为大家带来了一场精彩的讲座。梁主任是北京教育科学研究院基教研中心综合实践活动教研室主任，北京市教育学会中小学综合实践活动研究会理事长。2002年开始担任综合实践活动教研员，参与教育部《中小学综合实践活动课程指导纲要》《大中小学劳动教育指导纲要》研制工作。参加《综合实践活动课程论》《综合实践活动有效实施及评价》等论著编写，“中小学如何开展考察探究活动——《中小学综合实践活动课程指导纲要》‘考察探究’主题解读”“劳动实践提高学生解决问题能力的新路径”等多篇论文公开发表。

梁主任讲座的题目是《〈大中小学劳动教育指导纲要〉解读》。梁主任作为《大中小学劳动教育指导纲要》的研制组核心成员之一，对《指导纲要》的解读极具权威性，对学员们理解劳动教育的精神、背景、意义和价值，准确把握新时代下国家对劳动教育的要求，以及如何开展实施中小学劳动教育具有很大的指导价值。无论是一线教师还是地区教研员，对劳动教育课程开发、实施和评价，都在认识上还存在着许多困惑，而梁主任的讲座起到了很好的指引和释疑的作用。

梁主任的讲座亮点纷呈，可以用“三高”来概括。一是“高屋建瓴”：揭示《指导纲要》的研制背景，让我们更清晰国家要求培养新时代建设者的定位。二是“高位解读”：精准阐明和分析《指导纲要》的各项

内容，为大家释疑解惑。三是“高效引领”：联系中小学实际，给出有效实施劳动教育的各方面建议，同时分享可供学习借鉴的有效案例。

到此，本次培训活动完满落幕，通过本次的学习，大家不但更新教学观念，还提高了自身素质，使我们对今后的工作充满信心，我们相信我省综合实践活动和劳动教育一定能百尺竿头、更进一步！

他山之石　可以攻玉

——山西省太原市使用全国卷备考主要做法和经验

2015年11月4日至11日，市教育局组织市教研室高中各学科教研员，奔赴高考长期使用全国课标卷的山西省太原市，开展高考全国卷备考工作学习考察活动，先后到达了山西大学附属中学、太原尖草坪区第一中学、太原市第48中学三所学校和太原市教研科研中心，深入到课堂，深入到科组，并与“三校一中心”领导座谈，现将学习情况报告如下。

山西省太原市使用全国卷备考主要做法和经验总结如下：

一、严抓管理 落实备考

从太原市教研科研中心到学校乃至高考科目科组都制订了一套完整的以“学生为中心、落实为目标”的备考管理与教学方案。其内容涵盖各阶段各章节，周、月教学进度与目标，备课与教研，考查与测试，诊断与反思，教情与学情等，有落实有检查有互动有改进，从而使校长与行政、行政与科组长、科组长与任课老师、任课老师与学生环环扣紧，紧密相连，备考工作零缝隙成为常态化。学校行政天天巡查，任课老师课课批改学案，每一位学生都能得到不同程度的提高。

二、精心研究 提质促优

精心做好“三个研究”，即精心研究《考试大纲》和《考试说明》；精心研究近5年全国卷高考题；精心研究教情和学情。通过加强学习和研究《考试大纲》和《考试说明》，才能保证复习备考的方向；通过加强研究近5年全国卷的高考试题，理清高考考查的内容和方式，同时也对平时的教学和精选训练题更具指导性和针对性，保证让学生做到高质量的试题；建立学生学习成长档案，分层推进、分类指导。通过研究教情、学情，充分调动师生的积极性和主观能动性；教学相长，更好地安排适合学生的教学内容和采用最佳的教学方法，和谐的师生关系可以带动师生的共同进步。

三、积极开展教改实验，以课改促提高求发展

以学生为中心，以落实为目标。各学校日常教学重视导学案的设计，重视学生的自学与自学成果的展示与交流。以导学案促进提前预习，学生会的课堂上则不讲。注重全面培养，重视个体差异，分层人盯人，课后勤辅导。实行周回顾、月诊断，步步落实。注重问题查找，考后满分。尖草坪中学坚持开展“自主课、展示课、训练课、反思课”的教学实验，取得了明显的成效，越到后期其成效越突出，高考本科人数倍增。

四、创造良好的校园环境，激励学生发愤图强

教室内外、教学楼内外、校园内外处处是激励学生上进的标语、图画、塑像、名人语录、教学成果及第二课堂活动展示。各学校均有校史室、教育教学成果展览室等，让校园的每一面墙壁、每一个角落都成为思想教育的场所。

五、活跃校园文化，激发学生对学科的热爱

山大附中坚持开展各类素质活动与成果展示活动。每年举行藏文化节、读书节、语文节、英语节、运动会、音乐会、暑夏令营等。以学生的各类社团为主体，在老师的引导下自发组织各类展示活动。高一高二的内容形式各有不同。每天下午的课外活动时间（第二节开始，一般为两小时）均举行展示或比赛活动。各项活动风生水起，使课内外融为一体，极大地促进了学科教学。

六、教研活动有序高效，充分发挥集体的智慧

科组教研会指定地方，一周两次，每次1.5小时，逐一审定下一周使用的资料（学案），学案由学科教师轮流编制，全年级统一使用。或学习报刊中的外地经验及对教学问题的探讨，或对日常教案、专题复习课件进行研究评价，依靠集体的力量精心设计好每一节课。导学案及专题复习课件均实行分工负责制度，一人负责提前准备，全组集体研究完善，经审定的学案等资料每位教师必须无条件使用，确保步调一致。有完善的听评课制度及对青年教师结对子传帮带制度。青年教师在浓厚的学科研究氛围中迅速成长。

科组力求做到：1.加强合作，五个统一：统一资料，统一教学安排，统一教学内容，统一教学时间，统一教学检测。2.注意学生的书写和答题规范，强调学生多读书勤看报，多了解时代信息，及时把握时代脉搏。3.密切关注高考信息。充分了解高考动态，积极参与省及市区各项教研活动，开展不同形式的备考信息交流活动，注重校际交往，最大限度利用获取的信息来提升复习质量。

七、精心安排时间，分秒必争

上午排5节课，下午排4节课（其中最后一节为习题辅导课）及1小时

的体育锻炼，晚上排3节课（第一节为习题辅导课，第二节为一周回顾的考试，第三节为学生的自习课）。学生集中学习的时间为早上7点多一直到晚上9点30分。为了编排更多的课时，每节课40分钟，课间休息时间由10分钟调整为8分钟。尖草坪区第一中学校每半个月上课12天（中间的周末也上课）集中放两天假。课时安排，语数英每周8节，理科物理8节，化学、生物各7节，文科地理8节，历史、政治各7节。每周各科安排一次周回顾测试，每月安排一次“月诊断”（月考）考试。

宁波教研室的工作特色学习体会

2017年5月16日至22日，梅州市教育局组织市及各县（市、区）教研室及部分学校高中学科骨干教师一行116人奔赴浙江宁波市教研室进行教研工作考察活动。宁波教研室的特色主要有以下特色：

一、教研工作五方面转变

（1）由以教为主的研究向以学为主的研究转变；

（2）由基于教材的学科教学研究向基于课程的改革项目研究转变；

（3）由基于经验的教学研究向基于实证的教学研究转变；

（4）由传统的封闭教学模式研究向开放地借助现代教育技术教学模式研究转变；

（5）由教研员个体研究向教研员个体和团队相结合的研究转变。

二、服务行政决策

1. 理解

教研员不是一般的行政事务人员，而是专业研究人员。教研员不能满足于完成大量零碎的行政事务，而应该从专业的角度为行政提供积极的服务。

2. 工作要求

（1）用专业的眼光来解读行政的教育政策，正确阐述政策的内涵、背景、目的以及期望的愿景；

（2）用专业的资料（经系统收集、科学分析、清晰解释后的教育数据和教育事件）为行政提供足够理性的依据；

（3）用专业的方法解释、解破行政管理过程中有关教学的疑难杂症；

（4）用专业的能力助推区域内的教育改革和重大教育行动。

3. 措施和项目

（1）为市县两级教育局长、处长、科长作浙江高考方案解读；

（2）为宁波初中生综合素质评价方案撰写说明报告；

（3）起草《关于加强宁波市教研队伍建设的意见》文件稿；

（4）分学科撰写《城区高中教学发展和教师队伍建设》调研报告；

（5）起草小学低段“零起点”教学方案，编写配套《快乐晨间》活动课程；

（6）参与起草全市高中教育、义务教育课程改革的相关文件；

（7）编写《幼儿园保教手册》。

三、教学研究

1. 理解

教学研究能力是教研员的基本能力。研究是前提，没有深入的研究，就不可能有高效的服务和针对性的指导。

2. 工作要求

（1）完善知识结构，适应课改要求。

要从传统的线性知识结构（即仅有某一专业知识结构）转变为“T”形知识结构（即有某一专业知识的深度，又有与某一领域相关的知识面的广度），从“T”形知识结构再转变为具有时间概念的“T”形知识结构（具有知识的深度、广度和时间度）。

（2）要以学校、教学、师生的需要和发展作为教学研究的出发点和思考点。

（3）要以解决教学实际问题作为教学研究的目标和动力。

（4）要甘于寂寞，在长期的默默思考和研究中等待教育“热点”，而不是追逐“热点”。

3. 措施和项目

（1）一年两次到高校短期培训；（清华、北大、北师大、复旦、同济、东北师大、华东师大、华南师大、香港高校、台湾高校等）

（2）一月一次教研员轮流作专业学术报告；

（3）制定教研员专著出版支持办法；

（4）鼓励教研员申报教学行动研究项目；（我市向社会公开招标十五项教学行动研究项目，项目经费6万—10万元，教研系统中标9项）

（5）开展集体课题研究；（《高中教学质量过程性检测、分析、指导研究》《初中学科学业质量的监测、分析与指导研究》《宁波市幼小教学衔接行动研究》）

（6）开展教育统计、教育测量等学科的专项培训；

（7）各学段、各学科建立教研、教改、教科基地学校。

四、服务和指导

1. 理解

教研工作要以为学校、教师提供真诚、专业、有效的服务和指导作为工作的归结点，要在教学研究过程中始终保持服务和指导意识。目前，要将推进课程教学改革、促进教师专业发展、提高教学质量作为服务和指导的主要任务。

2. 工作要求

（1）教研员要深入学校、深入课堂、深入师生；

（2）要努力在服务、指导过程中树立起专业权威；

（3）教研员要在课程教学改革中，成为引领者、推动者、实践者；

（4）要在现代教育技术和课堂教学深度融合研究中，率先示范；

（5）要对“课堂教学实效”“学生负担减轻”等历久而未破的课题作深度研究，为一线教师提供具体的、可操作的、有成效的指导；

（6）要在服务、指导实践中创新教研方式和方法。

3. 措施和项目

（1）建立教研员“联校蹲点”工作制度，开展服务、指导对象对教研员年度工作评估反馈活动。

（2）开展为期三年的以“研、训、行三位一体”为模式的学科疑难问题解决培训，编写了48本《学科疑难问题解决》丛书，制作了1000堂精品课录像，供一线教师观摹。

（3）建立了30个高中学科基地培育学校。在学科课程规划，必修课程校本化实施、学科选修课程开发、学科网络建设、学科教师专业交流等方面提供指导和服务。目前，我市已有8所普通高中成为省首批学科基地。

（4）评选第三届市星级学科教研组。

（5）增加编制，建立课程发展和质量监测部，指导学科课程改革。

（6）连续三年开展大市年度教学展示活动。每次推出100位教师进行课堂教学展示，特级教师、名师现场点评，三万多名教师参与了观摩活动，合作学习、探究学习、自主学习等教学模式得到推广。

（7）落实教育部“一师一优课、一课一名师”项目，评选了1000节优课，推荐的课件在国家、省两级评比中得到充分肯定。还拍摄了1500节微课视频，推动了各学校信息技术与课堂教学的深度融合。

（8）开展五次选修课程评比活动，持续推进我市选修课程的开发开设。目前，我市已建设市级精品选修课程283门，省级精品课程181门，课程开发的数量和质量都位居全省前列。

（9）每年举行两次高中教学质量分析会，分学科进行数据统计、分析原因，提出教学改进建议；每年举行一次义务段音、体、美学科教学质量抽测，保证艺术、体育学科的教学安排；每年举行大部分学科的教师基本功比武，促进教师教学能力的提升。

（10）加强对一线教师教研课题立项、中期评估、结题的管理，发现典型，加大指导力度，产生了一批优秀的、值得推广的教学改革成果。在国家首届基础教育教学成果奖评比中，我市获得1个一等奖，8个二等奖。

参加2019广东省（地市）级教研员高级研修班心得体会

本人有幸参加广东省教育研究院于2019年12月1日至7日在吉林长春东北师范大学兴办的2019广东省（地市）级教研员高级研修班，先后得到了东北师范大学特约教授黄宝国、博士生导师于海波教授、长春工业大学许建朝教授，吉林省特级教师罗彦东，东北师大博士生导师郑燕林教授，吉林省教育学院张旺教授，东北师范大学博士生导师王澍教授等多名专家的循循教诲，收获颇丰。下面结合几个教授的报告谈谈本人的心得体会：

首先开讲的是国培名师黄宝国教授，他做了有关《如何提升教研员的科研能力》的报告。他结合自己的成长经历，提出科研力是教研员的一项基本功，差点教育理念的生成与发展，新时代教研员提升科研力的策略。黄宝国专家又给我们讲名师之所以成为名师，他们走出了自己的风格，走出了自己的路——观察之路、学习之路、科研之路、求真之路、创新之路。他还告诉我们作为一名教师要学会多思考，思考要从三个方面：从照亮别人到发现自我、从崇拜他人到超越自我、从专家引领到成就自我。作为一名教师还要常常阅读教育专著，提高自身的素质。听了黄宝国专家的精彩讲座，真是感慨万千，原来心有多大，人生的舞台就可能有多大。结束时黄宝国专家给我们的寄语——我们行走在教育家的路上，起步就与世界同步。这句寄语意味深长，值得我们好好品味其中的韵味。“苔花如米小，也要自己开。”

于海波教授作了“科学思维的教育价值及其教学实现”。一是科学思维的教育价值，二是科学思维的内涵结构，三是科学思维的过程体验，四是科学思维之培养散谈。他从PISA考试说起，从国民的基本科学素养如何培养。带领大家分析两个案例，一是为什么雷声是轰隆隆的？二是为什么冻梨在冷水里比放在热水中化得快？抽丝剥茧，层层分析，让大家透过现象看到本质，学会科学的分析方法和科学思维。

郝淑霞教授分享了“教学研实践与教师专业成长”，从东北师范大学附属中学招聘教师的要求，分析了一个教师成长和一个团队的建设。听评一堂课，悟品人生，我实践故我在，我思故我成长。波斯纳提出的教师成长公式，教师的成长=经验+反思。教师以自己的教育教学研究活动过程为思考对象，来对自己所做出的行为、决策以及由此所产生的结果进行审视和分析的过程。①习惯养成记，习得奠人生。②美德故事会，修德品自高。③礼仪修炼堂，兼修健身心。我们不是教教材的，也不拘泥于用教材教。作为一个教师，总有些属于自己的有价值的思考想要告诉自己的学生。把这些灵动的带有温度的知识开发和嵌入到课程中，烙在学生的青春记忆里，成为他们一辈子的骄傲和资本，当是一种最好的方法，且是件功德无量的好事。

罗彦东老师分享了“新课程教学课堂思考与高考研究”，从核心素养问题的提出、核心素养教学的实施路径，基于核心素养的新教学建议，重点介绍了新高考研究，高考变化，目前现状（包括课堂现状、学生现状、老师现状），我们的教学缺少什么，提出了今后教学应该以理解知识的发生发展过程及内涵、应用技能发展学生核心素养为主要目标。推出五种课堂，一是主题课堂，二是对话课堂，三是动态课堂，四是整合课堂，五是体验式课堂。

学好，而根本不需要我们这些当老师的或者那些当父母的整天拿着棍子逼迫他们学习了！罗彦东老师也谈到了，只有培养了学生的学习兴趣，才能端正他们的学习态度。本人经过多年的观察和研究发现，要提高学生的学习兴趣，存在着许多因素，有家庭因素、学校因素、社会因素、老师因素等等，所以情况比较复杂，也比较棘手，因为有很多因素不是我们所能改变的。俗话说，学好要三年，学坏只三天，说明了要引导学生提高对学习的兴趣是多么的不容易，需要老师、学校、家庭和社会等多方面的共同配合，一起给力，给学生创建一个祥净的天空，才能让学生培养起对学习的兴趣来！

梁红梅教授的课题是教研员如何观察和评价常态课。主要有三部分：课堂观察与评价的再认识，课堂观察与评价的环节，观察与评价点的确定及工具开发。依据一定标准，凭借一定的工具和手段，通过观察、记录课堂运行状况的部分内容或全面内容，进行分析、诊断、研究和评判，旨在发现课堂教学成效及存在问题，在此基础上谋求学生课堂学习改善、教师专业发展和课堂品质提升的专业活动。

以学为中心，以专业成长和品质提升为取径，观察与评价是一体的，评价要基于观察到的事实信息，指向课堂教学问题的发现与解决 。

许建朝教授从Alphago、机器人再到人工智能再到中国人工智能发展战略详细介绍人工智能的发展历程和未来发展方向。迄今为止，人工智能还不具备感性思维，还无法创造灵感、拥有直觉、获得情感，人类才擅长做以创造力和同情心取胜的工作。AI可以解决教育中教的问题，但育的方面帮助比较少，育更需要人类老师和孩子心灵沟通、爱和关注，这是不可替代的。

AI技术的快速发展，带来教学内容不确定，教学目标和教学模式不明确，内容载体和配套教材不成体系，教师缺乏相关教学经验，成熟的教育理念尚未形成等困惑，也可能带来不均衡、两极分化的风险（性别差异、伦理问题等）。人工智能不应加重孩子们成长过程中的负担，不应成为应试教育的帮凶。人工智能与大数据之于教育，不仅是替代什么不替代什么的问题，比之更复杂的是在人机共生时代人的成长机制如何建立？如果需要重构，重构中人的异化将是怎样的？

王澍教授她做的报告是《如何教的教育哲学》。她引用了2007年诺贝尔文学奖的获得者多丽丝·莱辛的一句名言：如果上帝在他的右手握着全部真理，在他的左手握着无与伦比的永远活跃的追求真理的动机（即使再加上永远不断出错这一情况），而对我说："挑选吧！"我就会谦恭地握住他的左手。这句名言说明了动机是多么的重要！而学习动机就是指直接推动学生进行学习的内部动力。学习动机的类型分为：①外来动机：即由学习结果或学习活动以外的因素作为学习的目标；②内在动机：即由学习活动本身作为学习目标。我们必须明白，外来动机和内在动机之间并不相互矛盾，二者分离，同时还可以相互转化。

王澍教授的报告让本人想起了在以前的执教中有很多学生常常无心向学的现象。不管老师、学校和家长做多少的工作，讲了多少道理，而他们常常是今天听了表示要改好，但一转眼又会把老师、家长们的话忘得干干净净。人只有从心里改变才能真正改变。要了解学生认识这个世界的方式，即学习思维，在此基础上展开教育教学，才能从根本上改变学生的学习。

几天的学习，使我们收获满满。特别是通过理论学习，提高自身素养，对专业知识和专业技能有了新的认识，信息技术与教学的整合，学习教学的新技术新方法，为我们今后的工作提供了巨大的帮助。